中央民族大学"985工程"
中国当代民族问题战略研究基地
民族发展与民族关系问题研究中心
"民族发展与民族关系问题"实证研究高级讲习班
田野调查报告选

主编 白振声

孙晓天 ◎ 著
祁庆富 ◎ 指导教授

辽宁地区妈祖文化调查研究
——以东港市孤山镇为例

LIAONING DIQU MAZU WENHUA
DIAOCHA YANJIU
YI DONGGANGSHI GUSHAN ZHEN WEILI

中央民族大学出版社
China Minzu University Press

图书在版编目（CIP）数据

辽宁地区妈祖文化调查研究——以东港市孤山镇为例/孙晓天著．—北京：中央民族大学出版社，2011.12
ISBN 978-7-5660-0014-9

Ⅰ.①辽⋯ Ⅱ.①孙⋯ Ⅲ.①神—信仰—研究—辽宁省 Ⅳ.①B933

中国版本图书馆 CIP 数据核字（2011）第 102151 号

辽宁地区妈祖文化调查研究——以东港市孤山镇为例

作　　者	孙晓天
责任编辑	黄修义
封面设计	汤建军
出 版 者	中央民族大学出版社
	北京市海淀区中关村南大街 27 号　邮编：100081
	电话：68472815（发行部）传真：68932751（发行部）
	68932218（总编室）　　68932447（办公室）
发 行 者	全国各地新华书店
印 刷 厂	北京宏伟双华印刷有限公司
开　　本	880×1230（毫米）　1/32　印张：7.5
字　　数	188 千字
版　　次	2011 年 12 月第 1 版　2011 年 12 月第 1 次印刷
书　　号	ISBN 978-7-5660-0014-9
定　　价	23.00 元

版权所有　翻印必究

辽宁省大孤山天后宫鸟瞰 孤山镇文化中心提供

雪中大孤山天后宫 孤山镇文化中心提供

大孤山古建筑群砖雕

大孤山古建筑群砖雕
孤山镇文化中心提供

大孤山古建筑群砖雕
孤山镇文化中心提供

孤山镇海神娘娘（妈祖）祭祀巡游 孤山镇文化中心提供

信众上香 孤山镇文化中心提供

大孤山三大古风之鸡头福 　　　大孤山三大古风之泰山石敢当

阎坨贝丘遗址发掘的骨器　　　阎坨贝丘遗址发掘的陶罐
孤山镇文化中心提供　　　　　孤山镇文化中心提供

"民族发展与民族关系问题"实证研究高级讲习班民族学田野调查报告选

编者的话

为拓展和深化"民族发展与民族关系问题"的研究，继承和弘扬民族学应用研究、实证研究的学术传统，加大培养优秀民族学与人类学学科人才的力度，中央民族大学"985工程"民族发展与民族问题研究中心以本校民族学与社会学学院民族学、人类学、民族社会学三个专业的在读博士研究生为对象，于2009年4—6月开办了首届"民族发展与民族问题"实证研究高级讲习班。讲习班聘请了包括台湾地区在内的全国民族学、人类学界在本学科应用研究领域有着丰富田野调查经验和取得重要学术成果的9位专家（他们来自6所高校和科研单位）担任学术指导，并围绕各自的田野调查经历与学术专长进行授课。参加讲习班的成员根据自己的听课感受、研究兴趣与特长，并结合学术指导专家的研究方向，向他们申报课题。每位专家根据对选题申报书的审议，从中遴选1—2名博士生进行指导。2009年7月，由本研究中心资助入选的19名博士生根据各自的课题，先后奔赴沿海、边疆、城市、农村、牧区、林区乃至台湾省的少数民族地区，从事为期三个月左右的民族学、人类学田野调查，并在此基础上完成了一系列的田野调查报告。

严格地说，仅靠短短三个月左右的田野调查，想要完成一篇深刻而又有学术见地的民族学田野报告是困难的，它也与民族学一贯倡导的长期观察、居住体验的规范性田野调查要求存在差距。然而，通览上述 19 篇成果，其中 90% 以上都是作者先前已经从事或正在进行的研究内容，而且在调查点都有过不止一次或长或短的田野调查经历，有的还就相关内容发表过文章，有相当多的前期田野工作经验与成果积累。而本期田野调查高级研讨班的举办，则为他们已有研究的深入、深化提供了难得的平台、条件。

有鉴于此，我们通过指导专家的推荐和研究中心评审组的评审，从中筛选出部分学术研究价值和现实应用价值相对突出的调查报告予以出版。

毋庸置疑，以严格的学术水准要求，这些作品还多显稚嫩。不过，从选题内容到调研的视角，仍能看到其中包含着的强烈时代气息、学术使命感和探索精神。拔苗助长绝不可取，但搭建学术平台，培养学科新秀，鼓励调研实践，激励成果创新，则是我们的目标和责任。现尝试性地推出这批调研成果，以期接受同行和社会的检验与指正。

白振声
2010 年 11 月 6 日

序

在中国传统的民间信仰中，最有影响的水神有两个：一个是龙王，一个是妈祖。

在靠天吃饭的传统农业社会，风调雨顺、国泰民安是崇拜水神的社会根源。龙王是统领水族的首领，掌管兴云降雨，龙王崇拜自然应运而生。由于"祷雨有应"，唐玄宗时，诏祠龙池，设坛官致祭，以祭雨师之仪祭龙王。宋代沿用唐代祭五龙之制，诏天下五龙皆封王爵。此后在中国大地上，专门供奉龙王的庙宇几乎与城隍、土地之庙宇同样普遍，民间百姓到龙王庙烧香祈愿以求龙王治水、护佑平安，成为最普遍的一种水神崇拜仪式，绵延流传。

北宋后期，开通了自明州（今宁波）通往高丽礼成港的海上交通线，组成的大型船队揭开了中国远洋船队航海新篇章。随着远洋航海的兴盛，作为航海的保护神——海神崇拜也随之产生。

奉使高丽时祀神求福是航行中十分重要的仪式规范。正式放洋以前，在明州定海县隆重地举行祀祭东海龙君——显仁助顺渊圣广德王仪式。在航行中遇到危难时，"舟人共同祈祷福州演屿神"，即当时民间崇奉的海上保护神。

宋时，福州属福建路。福州、兴化军、莆田、泉州都是重要的对外港口。福建沿海远洋航行十分发达，海神开始成为闽浙地区最重要的崇拜神祇，首先是提升龙王执掌海上航行的职能，出现专职司海的"顺济龙王"。与此同时，福建莆田湄州"林氏夫人"信俗也被附会成"福州演屿神",跻身于海神之列。北宋元丰年间所建海神祠庙,祭拜的只是龙神。宣和年间大型船队出使高丽以后,妈祖的海神地位空前提高,跃升为官方正式祭祀的第一海神,北宋宣和五年(1123)祭祀妈祖的"林夫人庙"得到中央朝廷颁赐的"顺济"庙额。南宋时期,不断加封,妈祖从灵惠夫人升格为妃。元代,在海运大背景下妈祖作为海神的地位更为显赫,元顺帝时加封"辅国护圣庇民广济福惠明着天妃"。这样,在官方的不断敕封宣扬下,天妃完全取代龙王的海神功能,成为官方认定的、规格最高的专职航海保护神,列入国家祀典。《元史·祭祀志》记载:

惟南海女神灵惠夫人,以护海运有奇应,加封天妃神号,积至十字,庙曰灵慈。直沽、平江、周泾、泉、福、兴化等处,皆有庙。皇庆以来,岁遣使斋香遍祭,金幡一合,银一铤,付平江官漕司及本府官,用柔毛酒醴,便服行事。祝文云:"维年月日,皇帝特遣某官等,致祭于护国率民广济福惠明着天妃。"

最初妈祖本是民间地方保护神,"邑人祠之,水旱疠疫,舟航危急,有祷则应"。后来演化为历代海洋贸易者、船工、海员、旅客、商人和渔民共同信奉的神祇。同时,在福建、广东、海南、台湾、东南亚各地的闽南人中,成为族群认同的象征。当官方主管的国家祀祭衰微后,妈祖信仰在民间仍然兴旺,延续至今。

在世代相传的演绎进程中,妈祖信仰沿着中国海岸线分别向南、向北传播,散播到中华大地的各地,又随着使者、商人、船工、华侨的流动传播到海外,逐渐成为西太平洋沿岸许多国家都崇奉的海神。据统计,时至今日有5000多座妈祖庙分布在世界20多个国家和地区,信众达2亿多人,形成了别具一格的、具有国际影响力的妈祖文化。

2006年，妈祖祭典列入第一批国家级非物质文化遗产名录项目，此后天津皇会、洞头妈祖祭典也相继列入国家级非物质文化遗产名录。2009年9月30日，妈祖信俗被列入联合国教科文组织"人类非物质文化遗产代表作名录"，成为中国申报成功的首个民间信俗类型的代表作名录。随着如火如荼的非物质文化遗产保护的深入人心，妈祖信俗及妈祖文化的研究也呈现出一派新局面。

虽然妈祖信仰在我国分布地域十分广泛，但近代以来有关妈祖文化研究却出现了"南热北冷"的现象，即对闽粤台港澳等地区的妈祖信仰研究格外重视，对广大北方的妈祖信仰研究相对较少，特别是对东北沿海地区——辽宁省的妈祖研究则基本处于空白状态。这不能不说是一个学术缺憾。

2008年，本书作者孙晓天来到中央民族大学，从我攻读博士学位，她把辽宁地区妈祖文化调查研究定为自己博士论文的选题。文献资料缺乏，今人的研究寥若辰星，做这个题目好似面对一条鸡肋，食之无味，弃之可惜。晓天不管是做事，还是做学问，确有一股子韧劲，锲而不舍，日积月累。几年来，她筚路蓝缕，爬梳钩稽，深入田野，调查研究，发前人所未发，抒一得之体验，在困难的条件下，终于完成了学位论文《辽宁地区妈祖文化调查研究》，顺利通过答辩，获得博士学位。答辩委员会对这篇论文给与中肯的评价："该论文运用历史民族学、民族志的理论与方法，结合本人深入细致的田野调查资料，对辽宁省孤山镇的妈祖信俗文化的保护和传承进行研究，做出对辽宁地区历史上的妈祖文化传世的有益尝试，填补了北方妈祖文化研究的空白，有开拓性。"本书就是在博士学位论文基础上修订而成。

这是第一部全面系统研究辽东妈祖文化的专著，在吸取前人研究成果的基础上,作者比较全面地梳理出妈祖信仰在辽东传播的历史脉络。根据各种资料统计,作者认为:"可以确信辽宁省疆域内在清代时期至少曾有 25 座妈祖庙。"她还指出:由于北方"娘娘"信仰相互混淆,史料缺漏,"可以肯定地推断,明清时期辽宁地区的妈祖庙数量远超过笔者所统计的数据。"

元代是妈祖信仰向北方传播的重要时期,清乾隆年间编纂的《钦定续文献通考》卷七十九记载:

> 加莆阳顺济圣妃号助顺。神,莆阳湄州林氏女,少能言人祸福。殁,庙祀之,号通贤神女,屡着灵显。高宗绍兴二十六年以郊典封灵惠夫人,屡加昭应、崇福、善利。光宗绍熙元年,易爵以妃,至是加助。顺帝嘉定元年,加显卫卫。十年加英烈。神之祠不独盛于莆,闽、广、江、浙、淮甸皆祠焉。

元代,供奉妈祖的天妃祠庙已经遍及福建、广东、江苏、浙江、山东以及北京附近的直沽(天津)等沿海地区。妈祖信仰向北方传播,与元代海运航道分不开。元朝政府为了把南方粮食调运到大都(北京),开辟了从浙江抵直沽(今天津)的海路航线。这条航线先是利用近海航道,后取远洋航路。至元三十年(1293)开辟的新航路,自刘家港(今江苏太仓县浏河镇)开洋至崇明三沙(今上海崇明西北),东行入黑水洋(江苏北边以东一带海面)至成山(今山东荣成县成山角),然后西北航行入直沽。此路线顺风十日即可驶达。

直沽是海运的终点站,妈祖信仰随着海运一道传到直沽。据《元史》卷三十,泰定三年在海津镇(今天津)敕建天妃宫。不过在此前每当漕船抵达直沽,朝廷都要遣使祀海神天妃,已成定例。为了向辽东驻军运送粮食,元代还开辟了一条自直沽通往辽东的海运支线。《元史》卷十七《世祖本纪》记载:

至元二十九年（1292）中书省臣言：今岁江南海运粮至京师者一百五万石，至辽阳者十三万石。比往岁无耗折不足者。

关于元代通往辽东的海运，元人还多有记载。在海运发达之时，海运经过或到达的重要码头，都有妈祖信仰随之生根。本书作者认为："就现有的材料推断，妈祖信仰最早在元代时期，通过海上通道，由山东传入旅顺地区，并随着海运和河运在辽东半岛和辽河流域传播开来。"这一推论的思路具有可取的合理性，然而，推论只是假说，事实还需要可靠资料的证明。妈祖信仰传入辽东的时间问题，应是晓天今后继续深究的一个学术课题。

本书最大的学术亮点是作者选择辽宁省东港市大孤山为个案典型，对孤山镇妈祖信俗的地方特色、妈祖信俗仪式及崇拜活动进行较长时间的深入细致的实地调查，并从整体性原则出发，将妈祖信俗放在大孤山人文生态环境中去观察、思考。

作者不仅关注孤山镇妈祖信俗的地方特色、妈祖信俗仪式及崇拜活动，还留意地域情境中的妈祖显灵故事、传说以及融入妈祖祭祀活动中的地方民间艺术。可以说，本书的主要章节构成一部完整的大孤山妈祖信仰文化志，对于文献记载资料欠缺的辽东妈祖文化研究，更具值得宝贵的价值。

作者有感于当代中国以"文化保护"为名的国家力量深度进入民间文化空间、参与民间文化传承和构建的事实，借用沃森的"神的标准化"概念，提出"民间文化的标准化与再标准化"和"标准化的扩大化"的概念，尝试理解作为物质文化和非物质文化相结合的大孤山妈祖文化遗产保护的困境及前景，亦有发人深思的启迪。

晓天博士以其一丝不苟的认真态度和坚持不懈的探索精神，

完成了她的学业,收获了她的果实。千里之行,始于足下。期盼晓天博士再接再厉,在学术耕耘的园地中播种、收获新的果实。

国家非物质文化遗产保护工作专家
委员会委员、中央民族大学教授
祁庆富
2011 年 10 月 5 日

目 录

导论 ……………………………………………………………… (1)
  第一节　研究缘由、意义及思路 ……………………………… (1)
  第二节　相关概念界定 ………………………………………… (4)
  第三节　研究现状述评 ………………………………………… (6)
  第四节　采用的理论、方法及创新之处 ……………………… (30)

第一章　研究历程及调查点概况 ……………………………… (34)
  第一节　研究历程 ……………………………………………… (34)
  第二节　辽宁省东港市概况 …………………………………… (43)
  第三节　田野调查点概况 ……………………………………… (47)

第二章　妈祖信仰在辽宁地区的传播 ………………………… (52)
  第一节　妈祖信仰在国内外的传播 …………………………… (52)
  第二节　妈祖信仰传入辽宁地区的时间 ……………………… (54)
  第三节　辽宁地区妈祖信仰的时空分布 ……………………… (60)
  第四节　辽宁地区具有代表性的妈祖庙 ……………………… (67)
  第五节　妈祖信仰在东港市的传播 …………………………… (84)

第三章　孤山镇人文生态 ……………………………………… (87)
  第一节　自然环境及建筑（构筑物）遗产 …………………… (87)
  第二节　历史文化 ……………………………………………… (111)
  第三节　现代文化 ……………………………………………… (132)

第四章　孤山镇妈祖信俗的地方特色 ………………………… (136)
  第一节　妈祖坐骑：海骆驼 …………………………………… (136)
  第二节　放海灯 ………………………………………………… (137)

第三节　天后宫建筑风格 …………………………（139）
　　第四节　天后宫匾额 ………………………………（141）
　　第五节　地方民间艺术融入妈祖祭祀活动 ………（142）
　　第六节　地域情境中的妈祖显灵故事及传说 ……（145）
　　第七节　当地渔户习俗、禁忌 ……………………（152）
　　第八节　其他地方性妈祖文化要素 ………………（153）
第五章　孤山镇妈祖信俗仪式及崇拜活动 …………（155）
　　第一节　孤山地区妈祖祭祀由来 …………………（155）
　　第二节　当代大孤山妈祖公祭仪式 ………………（156）
　　第三节　民间祭祀活动 ……………………………（162）
　　第四节　大孤山妈祖信俗的传承与保护 …………（164）
第六章　思考：民间文化的标准化、再标准化
　　　　　与整体性保护 ………………………………（173）
　　第一节　近代历史中孤山镇妈祖信仰的标准化 …（174）
　　第二节　孤山地区妈祖信仰的"再标准化" ……（186）
　　第三节　民间文化的标准化与再标准化 …………（191）
　　第四节　妈祖文化遗产整体性保护的几点思考 …（195）
结语 ……………………………………………………（198）
参考文献 ………………………………………………（200）
附录 ……………………………………………………（211）
后记 ……………………………………………………（222）

导　　论

第一节　研究缘由、意义及思路

　　2006年5月，妈祖祭典成为第一批国家级非物质文化遗产保护项目①；2008年6月，天津市传统妈祖祭祀活动"天津皇会"②被列入国家级非物质文化遗产名录③；2009年9月30日，妈祖信俗被联合国列入"人类非物质文化遗产代表作名录"，成为中国首个信俗类世界遗产④。与此同时，各省市自评的物质与非物质文化遗产名单中，也加入了越来越多与各地妈祖信俗相关的内容。在如火如荼的文化遗产保护运动中，妈祖文化一再受到世人

---

　　① 国务院办公厅．《国务院关于公布第一批国家级非物质文化遗产名录的通知》（国发〔2006〕18号）．中华人民共和国中央人民政府门户网站．http：//www.gov.cn，登录时间：2011-2-8．此项目申报单位为福建省莆田市和中华妈祖文化交流协会．

　　② 天津皇会原称"娘娘会"或"天后圣会"，它最初是祭祀海神天后娘娘诞辰日（农历三月二十三日）所举行的庆典仪式，是天津民间极为隆重的民俗活动。伴随着天津社会经济文化的发展，逐渐演化成一种独特的将民间信仰、神祇崇拜、祈福还愿、赛会演剧、民众游观、会亲访友、社会交往、贸易交换等活动集于一体的庙会形式。

　　③ 国务院办公厅．《国务院关于公布第二批国家级非物质文化遗产名录和第一批国家级非物质文化遗产扩展项目名录的通知》（国发〔2008〕19号）．中华人民共和国中央人民政府门户网站．http：//www.gov.cn．天津皇会被列入第一批国家级非物质文化遗产扩展项目名录．

　　④ 徐向阳．妈祖信俗申遗成功成为中国首个信俗类世界遗产．新华网福建频道http：//www.fj.xinhuanet.com．2010年9月．

关注。

妈祖是我国著名的海神。妈祖原名林默,北宋建隆元年(960)生于福建省莆田县湄洲屿。南宋时期的大词人刘克庄曾在他的一首诗中写道:"灵妃一女子,瓣香起湄洲。"林默娘秉性聪颖,善观天象,救人济世,降妖除怪,治病救人,拯救海难。后不幸在一次救人时身亡,年仅28岁。林默娘死后,人们感念她,为她立庙,传颂她的事迹,尊称她为"妈祖"。她的故事经过民间的反复加工和创造,成为一段段神话传说——林默娘从此由民女走向了神坛。从宋开始,妈祖受历朝皇帝褒封,封号由"夫人"、"妃"、"天妃"、"天后"、"天上圣母",直至无以复加,成为中国最有影响力的海神①。

在漫长的传承演绎进程中,妈祖信仰沿着中国海岸线分别向南、向北传播,扩散到中华大地的各个地方。又随着使者、商人、船工、华侨的流动,传播到海外,逐渐成为西太平洋沿岸许多国家信奉的海神。如日本、东南亚、加拿大、美国乃至法国等。时至今日,5000多座妈祖庙分布在全世界20多个国家和地区,信众达2亿人,形成了别具一格的、具有国际影响力的妈祖文化。

虽然妈祖信仰在我国分布地域十分广泛,但近代以来有关妈祖的科学文化研究却出现了"南热北冷"的现象,即对闽粤台港澳等地区的妈祖信仰研究格外重视,对广大北方的妈祖信仰研究则相对较少,而对东北沿海地区——辽宁省的妈祖研究则基本处于空白状态。这不能不说是一个学术遗憾。

事实上,早在元代,妈祖文化就通过海上丝绸之路,从福建的湄州、泉州传播到辽宁地区。到了清代,妈祖信仰在辽宁沿海地区已经相当盛行。数世纪以来,广泛流传于辽宁民间、有着深厚文化底蕴的妈祖文化,经过一代又一代人的弘扬和传承,已经

---

① 妈祖的历代封号请参见附录1。

成为该地区优秀传统文化的重要组成部分。因此，对我国东北地区、尤其是辽宁地区的妈祖信仰给予足够的学术重视和相应的学术研究，是十分必要的。

本研究依据历史典籍的记载、当下历史遗存的考察和田野调查的收获，再加上学者们对妈祖的既有研究，以祖国海疆最北端——辽宁省孤山镇的妈祖信俗文化的保护和传承为切入点，尝试对辽宁地区历史上的妈祖信仰进行一次初步的梳理。其意义有两方面：一是在一定程度上填补了辽宁地区妈祖信俗研究的空白，拓展了妈祖信俗研究的领域，为当下中国的妈祖信俗文化遗产保护研究提供一个鲜活的文本；二是尝试打开一扇窥探我国基层社会保护和传承民族文化遗产的窗户，探讨基层社会的民族文化遗产保护与传承的运行逻辑和机制，思考我国文化遗产保护和传承工作的有效途径。

本书的基本思路是：通过考察辽宁省东港市孤山镇的妈祖信俗文化的传播途径、历史沿革、地方化过程及特征，以及该地妈祖信俗在当代的保护和传承形式，探析妈祖信俗所栖居的当地文化生态，探索民间信俗文化在基层社会的生存发展逻辑。然后，在个案研究的基础上，延伸考察整个辽宁地区的妈祖信俗的基本情况，尝试分析以妈祖信俗为代表的非物质文化保护和传承模式。

本书的理论分析路径为：在非物质文化遗产保护研究的框架下，借用"神的标准化"理论，分析妈祖信仰在具体的历史和地理情境中的发展演变历程；强调文化的整体观，从历史变迁以及文化空间的视野探析妈祖信俗所栖居的文化生态；进而探讨以民间信仰为代表的民间文化的整体性保护和活态传承问题——把"文化生态"（包括自然生态和人文生态）的理念引入对妈祖信俗文化的保护与传承过程中。保护文化遗产所依附的文化生态，是民族文化遗产保护和传承的根源与基础。将非物质文化遗产置于其生存的文化生态之中，才能够对文化遗产进行最有效的保护。

而实现文化遗产保护和传承的"文化自觉",则是文化遗产保护的最高境界和最终目标。

第二节　相关概念界定

一、妈祖称谓

妈祖在中国神祇史上具有诸多"之最",即:历代对其尊称最多、皇封最多、宫庙最多、信徒最多、庆典最盛。①

据民间传说,妈祖自诞生后,直到满月,不闻其哭声,其父母因此给她取名为"默"。长大后,人们称呼她为"默娘"。这里的"娘",不是妈妈之意,而是"姑娘"、"小姐"的敬称。林默娘后来被尊称为"妈祖"——这里的"妈",也不是妈妈而是奶奶之意——"妈"与"祖"连在一起称呼,是对年高德劭的女人的尊称。

妈祖有许多名称,如"林氏女"、"神女"、"默娘"、"妈祖"、"婆祖"、"灵女"、"林夫人"、"天妃"、"天上圣母"、"天后"等,在台湾地区,因妈祖主宰雨水还被称为"雨妈"、"过水妈"。

妈祖的诸多名称并非一时所成,而是经历了漫长的历史发展阶段。历代中国皇帝出于种种原因,先后三十六次赐妈祖叠奖褒封,封号由二字累加至六十四个字,爵位由"夫人"而"妃",而"天妃",而"天后",直至无以复加。妈祖未婚而加封为妃,是基于古代天神信仰而来的,把海神列于地神之后,同嫁于天,故为天妃。

在辽宁地区,除了"妈祖"之外,官方通常采用的称呼还有"海神娘娘"和"天后",而祭祀妈祖的庙宇多名为"天后宫"

---

① 马书田,马书侠.全像妈祖[M].南昌:江西美术出版社,2006.序言.

和"娘娘庙"。如2008年由东港市妈祖文化交流协会主办的"大孤山天后宫海神娘娘（妈祖）祭祀巡游"活动，就同时使用了三种主要称呼。辽宁地区的渔民更习惯称妈祖为"海神娘娘"，甚至直接称呼"老娘娘"，以示亲切和尊重。

在本书中主要采用"妈祖"这一称谓，庙宇宫祠称谓以其实际名称为准。而引用文献时遵循文献中的称呼，引用当地居民的口述材料时以口述者所述为准。多种称谓实为一体，特此说明。另外需要特殊强调的是，由于我国北方存在海神娘娘、碧霞元君（泰山娘娘）、三霄娘娘等多种娘娘附会现象，给研究造成极大困扰。故本书涉及其他几位娘娘时一律采用全称，以免混淆。

二、妈祖文化

学术界对"妈祖文化"的概念一直没有一个准确的定义。最早提出妈祖文化这个题目是在20世纪80年代。1987年，福建省莆田市举行妈祖千年祭学术研讨会。与会的专家、学者着重从内涵和外延两个层面对妈祖文化作了阐述。

"从妈祖文化的内涵来说，妈祖短暂的一生虽未留下什么著作，也谈不上有什么思想体系，但她的热爱劳动、热爱人民、见义勇为、扶危济困、无私奉献、高尚情操和英雄事迹，却体现了中华民族的传统美德，并形成一股巨大的精神力量。妈祖牺牲之后，人们就按自己的愿望和理想，进一步把她塑造成为一位慈悲博爱、护国庇民、可敬可亲的女神，其目的仍是为了化育子孙后代和弘扬民族精神。"[①] "从妈祖文化的外延来说，则是指妈祖信仰持续一千年来形成许多值得我们深入研讨和借鉴的相关学术文

[①] 林文豪. 关于妈祖文化. 妈祖研究文集. 蒋维锬编[M]. 福州：海风出版社，2006.146.

化课题"①，涉及经济、政治、宗教、民俗、军事、外交、文学、艺术、教育、科技、华侨、移民等诸多领域。

参考前人的论述②，笔者认为，妈祖文化，是基于历史上确实存在的妈祖扶危济贫、无私奉献、热爱人民、见义勇为的感人事迹，以妈祖信仰为核心，以宫庙建筑、雕刻、文献等物质文化和神话、传说、故事、祭典、民俗、艺术等非物质文化为基本内容的具有海洋文化特色的民间信仰文化。

另外需要说明的是，由于联合国世界非物质文化遗产评定规则的约束，妈祖文化在申请各级非物质文化遗产时，均以"妈祖信俗"名义出现。信俗与信仰息息相关，但二者并不完全等同。在本书中，笔者致力于探讨以妈祖信仰为核心的妈祖文化，但在涉及已成功申请非物质文化遗产保护名录的妈祖文化时，为与主流话语一致，采用"妈祖信俗"的说法。

第三节 研究现状述评

一、妈祖研究的历史进程

妈祖文化从产生到发展已经历了1000多年的历史，但是以

---

① 林文豪．关于妈祖文化．妈祖研究文集．蒋维锬编［M］．福州：海风出版社，2006.146－147.

② 这里主要参考以下著作或论文中的观点：杨孔炽．简论妈祖信仰的人文价值及其遗产保护和开发的紧迫性．民族文化遗产（第一辑）［C］．祁庆富主编．北京：民族出版社，2004.155；金文亨．妈祖文化和妈祖文化研究．妈祖研究与民间信仰［C］．黄马金主编．汀州天后宫文物古迹修复协会、汀州妈祖文化国际交流协会，1996.159；岳长贵、许敬友．海角妈祖［M］．北京：群众文化出版社．2009.108；黄秀琳、林剑华．妈祖文化在福建旅游业中的价值．莆田学院学报．2005（4）．

社会科学的方法对妈祖文化进行研究,则是20世纪以后才真正开始的。从研究的历史进程上来看,大致可分为萌芽(20世纪初至1928年)、始兴(1928—1978年)、繁盛(1978年至现在)三个历史阶段;从研究内容上看,其研究成果大致分为三个类型:"历史文献的勾稽、当代现象著录、历史与理论研究"①;从研究方法上来看,既有主流的史学方法,又有近年来崛起的人类学和宗教学等方法,而且研究角度越来越呈现出多学科的态势。下面笔者就将以时间为顺序,对妈祖研究进行简单的学术史回顾。

(一)第一阶段:妈祖研究的萌芽(20世纪初至1928年)

"受20世纪人类学发展的影响,学术研究冲破了传统的雅文化范畴,开始关注底层民众的俗文化。"② 普通民众的生活方式、思维方式、风俗习惯成为社会科学主要的研究对象。对妈祖文化的关注,也是这一学术发展趋势的结果。在西方科学思想的冲击下,有关妈祖信仰的学术研究逐渐萌芽。

对妈祖信仰的科学研究开始于20世纪初叶。日本占领台湾期间,为了掌握台湾社会的真实情况,一些日本学者开始了台湾妈祖信仰的研究。1918年,伊能嘉矩在东京帝国大学《人类学杂志》上发表了《台湾汉人信仰之海神》③,其中很大篇幅是"叙述妈祖保佑汉人渡过台湾海峡,安全抵达台湾地区以及清朝统一台湾过程中妈祖显灵的传说。"④ 这是迄今为止发现的最早的关于妈祖的人类学研究成果。其后,田中萃一郎发表了《妈祖》一

---

① 王荸萱. 妈祖文化在环渤海地区的历史传播与地理分布 [D]. [硕士学位论文] 中国海洋大学. 2008. 3.
② 徐晓望. 妈祖信仰史研究 [M]. 福州: 海风出版社, 2007. 4.
③ [日] 伊能嘉矩. 台湾汉人信仰之海神. 人类学杂志, 1918年第303卷第六、第八号. 转引自: 蔡相辉. 台湾的王爷与妈祖. 台北: 台原出版社. 1989. 120.
④ 贺逸夫. 近百年来妈祖研究综述. 学术月刊. 2003(增). 94.

文。这些文章开创了现代意义上的妈祖研究。

(二) 第二阶段：妈祖研究的始兴（1928—1978 年）

中国学者最早关注妈祖研究的是顾颉刚与容肇祖。1929 年顾颉刚和容肇祖在中山大学的《民俗》上发表题为《天后》的文章各一篇[①]。同年，容肇祖又撰《跋天后》[②] 一文，提出"海神妈祖未必真有其人"的观点。而后，周振鹤、谢云声、魏应麒在第 61、第 62 期合刊上分别发表《天后》[③]、《异代同居的天后与吴真人》[④]、《关于天后》[⑤] 三文，以做相应。[⑥] 这几篇文章均从有关妈祖的历史文献中整理妈祖的事迹、生平材料，对妈祖信仰的历史进行较详细的编年考证。"结果产生妈祖生辰六说、死期二说、及身世二种五说"。[⑦] 并认为，妈祖并非真有其人，而是海神的代称，肯定了妈祖在历史上作为海神的地位。这些文章虽深入有限，但开创了近代中国学者研究妈祖文化的先河，可以说是中国妈祖学的奠基之作。

1941 年韩槐准先生《天后圣母与华侨南进》[⑧]，结合华侨史研究妈祖信仰的传播，具体论述了妈祖信仰与航海及华侨移民南

---

① 顾颉刚．天后 [J]．民俗．1929. 41、42 合刊．容肇祖．天后．民俗 1929. 41、42 合刊．
② 容肇祖．跋天后 [J]．民俗．1929. 81、82 期合刊．
③ 周振鹤．天后 [J]．民俗．1929. 61、62 期合刊．
④ 谢云声．异代同居的天后与吴真人 [J]．民俗 1929. 第 61 – 62 期．
⑤ 魏应麒．福建三神考 [M]．出版社不详．1929. 112 – 114．
⑥ 这一年，魏应麒还汇录了当时学者对妈祖、临水夫人、郭圣王的研究，编著成《福建三神考》，由中山大学语言历史文学研究所、中山大学民俗学会出版。
⑦ 郑衡泌．妈祖信仰传播和分布的历史地理过程分析 [D]．[硕士学位论文]．福建师范大学．2006.
⑧ 韩槐准．天后圣母与华侨南进 [J]．南洋学报（新加坡）．第二卷第二辑．1941.

洋的关系，并得出妈祖信仰乃迷信的结论。作者在文末说："我国新文化之进展，已日新月异，不久此神将为跳舞厅中之爵士乐浪所激荡，而消声灭迹矣。作者趁此神残喘尚存之遗迹，于百忙中写此古代华侨社会迷信生活之考证，望读者诸君勿误认为提倡迷信也。"朱杰勤先生大体也持同样的观点。他在《福建水神天妃考》① 这篇论文中对宋、元、明、清四个朝代的海外交通与妈祖信仰的密切关联作出详细的考评。并说："中华民国以来未闻有新建之天妃庙宇。吾人于此，可以观时代之进化了。"② 以上这两篇论文，可以代表20世纪40—50年代的妈祖学术研究水准。此外还有陈育崧的《天妃考信录》③，利用大量历史文献，承袭前述学者的研究思路，考证妈祖为迷信的结果。

这一时期，妈祖信仰继续受到日本学者的重视。日本人创办了专门的杂志对妈祖信仰进行介绍与研究。如日本学者西川满创办的《妈祖》（1934年在台湾发行）与《妈祖祭》等。

20世纪50—70年代末期，受意识形态及政治因素影响，大陆学者撰写的妈祖学术论文很少。但此时期台湾的妈祖信仰则更加盛行，妈祖信仰研究的中心亦在台湾地区。此间，台湾有关妈祖的研究论著不断问世。如庄德《妈祖史事与台湾的信事》④，引述了大量的地方志史料，详述了妈祖的传说、文献记载、清代赐封和台湾信奉；1962年夏琦发表了《妈祖传说的历史发展》⑤ 和《妈祖信仰的地理分布》⑥ 两篇文章——前者根据历史文献论述了妈祖传说的发展以及妈祖受褒封的过程，后者根据

---

① 这篇文章后改为《海神天妃的研究》。
② 朱杰勤．福建水神天妃考［J］．南洋学报（新加坡）．第六卷第一辑．1950.
③ 陈育崧．天妃考信录［J］．南洋学报．第八卷第二辑．1952.
④ 庄德．妈祖史事与台湾的信奉［J］．台湾文献．第八卷第二期．1957.
⑤ 夏琦．妈祖传说的历史发展［J］．幼狮学志．第一卷第三期．1962.
⑥ 夏琦．妈祖信仰的地理分布［J］．幼狮学志．第一卷第四期．1962.

清代各省通志和刘枝万的《台湾省寺庙教堂名称、主神地址调查表》①，编绘了各省和台湾妈祖庙分布图表。1965年廖汉臣的《北港朝天宫与其祭典》②、1974年林衡道的《大天后宫》③两篇文章均以具体某个天后宫为范围，讨论了有关的文物、祭典、祀神等细节。

这个阶段最有成就的学者当属李献璋。李献璋，华裔日本人，早稻田大学毕业，1943年完成博士论文《妈祖信仰研究》④，后经多年的修改与增补，于1979年出版，"这是历史上第一部妈祖文化研究专著"。⑤该书主要论述了妈祖的传说在历代的发展，妈祖信仰在大陆沿海、台湾地区、日本等地的分布和传播，历代政府对妈祖的褒封对其传播的推动作用等内容。"无论在历史文献资料的收集，还是对它们的整理研究上都堪称这一阶段的顶峰之作，已经逐步从材料的收集和整理阶段走上了研究的道路，并脱离关于妈祖信仰是迷信的观念，将其作为一个文化现象加以考察。"⑥本书的成功主要表现在第一次系统地科学研究妈祖信仰文化，很多观点至今看来仍然熠熠生辉。当然，由于诸多原因，包括李献璋没有亲自到过福建等地进行实地调查，因此出现一些现在看来的错误在所难免。比如，李献章将妈祖信仰当做道教的产物，这是值得商榷的。再如，李献章认为妈祖的许多信仰故事受

---

① 刘枝万．台湾省寺庙教堂名称、主神地址调查表．台湾文献．第十一卷第二期．1960．
② 廖汉臣．北港朝天宫与其祭典．台湾文献［M］．第十六卷第三期．1965．
③ 林衡道．大天后宫［M］．台湾文献．第二十五卷第三期．1974．
④ 李献璋．妈祖信仰研究［M］．郑彭年译．澳门：澳门海事博物馆．1979．
⑤ 蒋维锬．妈祖文化研究的回顾．妈祖研究文集［M］．福州：海风出版社，2006．151．
⑥ 郑衡泌．妈祖信仰传播和分布的历史地理过程分析［D］．［硕士学位论文］．福建师范大学．2006．8．

到陈靖姑传说的影响,这也是有问题的。①

总之,这一阶段关于妈祖研究取得了一定的成果,但由于受到种种条件的限制,研究者们的视界局限在最容易见到和收集到的历史文献和现实调查资料中,成果较为有限。

(三) 第三阶段:妈祖研究的兴盛(1978年至现在)

改革开放以后,大陆掀起了妈祖文化研究的热潮,妈祖研究进入了全面兴旺时期。这是一个多学科切入妈祖研究的热潮阶段,不仅有历史学与人类学的结合,民俗学、宗教学、社会学甚至文学等各个学科也在妈祖研究领域开拓与耕耘,带来极为丰硕的妈祖文化研究成果。在以"妈祖"为关键词检索"中国知识资源总库——CNKI系列数据库"(1979—2010年)时,可检索到1234个相关索引。由于篇幅和能力所限,本书仅就所见的、主要的、有影响或与本研究有关联的论著和论文进行阐述、总结。

莆田老一辈学者肖一平在当地《白塘李氏宗谱》中发现宋代廖鹏飞所作《圣墩祖庙重建顺济庙记》②,使妈祖信仰起源的某些早期问题得到澄清。1987年10月31日(农历九月初九),为了纪念妈祖逝世1000周年,在妈祖故乡莆田市举行了第一次妈祖学术讨论会③,会前出版了肖一平等编辑的《妈祖研究资料汇编》一书,收录了1978—1987年重要的妈祖研究学术成果。会后厦门大学朱天顺教授主编了《妈祖研究论文集》,更将这股热潮推向高潮。日本学者李献璋、国分直一的妈祖研究也通过这本书被介

---

① 关于这一问题,徐晓望《妈祖信仰史研究》(海风出版社2007)一书中有详尽的论述,此处不再赘述。
② 祖谱现藏于莆田市图书馆。
③ "妈祖文化"这个研究题目,就是此次学术研讨会上提出的。

绍到中国。20世纪90年代以后，大陆及港澳台地区多次召开妈祖研讨会，并有多本妈祖研究专集问世。①

这一阶段的妈祖文化研究方法亦有进阶。正如葛兆光在2008年"中国民间信仰的历史学研究方法与立场"主题研讨中所言："民间信仰的研究近些年来在两岸二地都有非常突出的表现，它具有两个方面的鲜明特征：第一个是继承了过去的历史学和文献学研究的长处……在文献资料的爬梳、在历史事实的考证方面，至今在民间信仰研究领域里面还是很好的。第二个，它学习了人类学田野调查的方法，使得中国民间信仰研究里而比其他历史研究领域又多了一条腿，多了一个方法，多了一个资料来源。"②

1. 文献资料汇编与整理

1978年，日本华裔学者李献璋出版了《妈祖信仰研究》③一书。该书后半部分汇集了当时已知妈祖信仰的文献资料。1990年蒋维锬编校的《妈祖文献资料》④出版。这本资料在大陆广为流传，成为研究妈祖文化的重要参考书。

---

① 1990年莆田召开第二次"妈祖国际讨论会"，会后出版《海内外学人论妈祖》。1995年福州召开"闽台民间信仰学术讨论会"；同年，澳门召开"妈祖信俗国际讨论会"，会后出版《澳门妈祖论文集》。1996年台湾北港朝天宫举办"妈祖信仰国际学术研讨会"，会后出版《妈祖信仰国际学术研讨会论文集》；同年，泉州也召开了"泉州与妈祖信仰的传播"学术研讨会，会后编成论文集《妈祖研究》。1997年厦门大学召开"闽台妈祖文化学术研讨会"，会后出版《两岸学者论妈祖》第一辑；1998年又在闽东的霞浦召开第二届"闽台妈祖文化学术研讨会"，出版《两岸学者论妈祖》第二辑。

② 转引自：吴真. 民间信仰研究三十年 [J]. 民俗研究. 2008 (4). 49.

③ 李献璋. 妈祖信仰研究 [M]. 郑彭年译. 澳门：澳门海事博物馆. 1979. 此书收录宋元明文献72篇。

④ 蒋维锬. 妈祖文献资料 [M]. 福州：福建人民出版社，1990. 此书搜集宋元明清文献多达400篇。

2003年中国第一历史档案馆与湄洲妈祖祖庙董事会等合编的《清代妈祖档案史料汇编》①出版。这本书的出版，改变了以往妈祖文献整理重视前代忽略清朝的状况。

由中华妈祖文化交流协会、莆田学院合编的《妈祖研究资料目录索引》是"当前收集妈祖文献资料最全的书"②，此书分为上、下两卷，共计选编相关资料4080条。上卷为历史文献目录，分专著类、档案类、碑文类、笔记类、诗词类、史料类、方志类等目录。下卷为现代资料，其中著作部分有1949年以后的资料集、论文集，文化学术专著、画册、相册、纪念册，宫庙史志，文艺作品，期刊和其他载体资料6大类。题录部分有1949年以后出版物中有关妈祖研究的单篇题录或较重要的章节析出，下列身世传说、信仰源流、妈祖文化、祭祀民俗、宗教社会、政治军事、经济开发、两岸交流、文物考古、研究方法与成果评论、各地宫庙等11大类。其他文种资料包括日文、英文等表述的所有妈祖研究资料。③当然，有学人指出这本索引分类还不够完善，"还应该加上谱牒和图录两大类"④。

此外，还有肖一平等主编的《妈祖研究资料汇编》（收集了1987年以前的一些研究妈祖信仰的文章共33篇）、林美容的《台湾民间信仰研究书目》、刘福铸的《福建乡镇志中的妈祖史料》

---

① 中国第一历史档案馆、湄洲妈祖祖庙董事会等合编．清代妈祖档案史料汇编[M]．北京：中国档案出版社．2003．

② 黄雪婷．清代以前妈祖文献的演变及其价值研究[D]．[硕士学位论文]．福建师范大学．2008．1．

③ 材料参见：郑丽航、蒋维锬主编．妈祖研究资料目录索引[M]．福州：海风出版社．2005．凡例处．

④ 黄雪婷．清代以前妈祖文献的演变及其价值研究[D]．[硕士学位论文]．福建师范大学．2008．5

以及历届妈祖文化研讨会的论文集等①。

这一阶段妈祖文献史料汇编及研究的不断出现,极大地促进了妈祖文化的学术研究。

2. 从历史学角度对妈祖文化的研究

(1) 妈祖信仰史的研究

这一时期朱天顺老先生对妈祖信仰研究颇有成就,1996年出版的《妈祖与中国的民间信仰》是其长期进行妈祖研究的成果。在此书中,他对妈祖的身份进行了详细的考证,论述了妈祖信仰的起源传说,分析了国家政治力量对于其传播的作用,考察了元代漕运对于妈祖信仰发展的推动、近代中国大陆妈祖信仰的两次式微和以后的复兴等内容,较系统地从历史学角度对妈祖信仰进行了研究。

蔡相辉《台湾的王爷与妈祖》② 以丰富的史料为基础,首先探讨了妈祖信仰的起源问题,提出妈祖信仰为摩尼教延续的假说。而后,他又重点研究了有关台湾妈祖信仰的两个问题:"明郑时代的妈祖崇祀"和"清廷与台湾妈祖信仰的开展",强调国家力量对于妈祖信仰在台湾开展的正、负两方面影响——明郑时代对玄天上帝的推崇阻碍妈祖信仰在民间的传播,而清代随着清朝的大力提倡,妈祖信仰逐步成为民间最主要的信仰。最后,又

---

① 如:由莆田市博物馆副馆长林祖良编撰的《妈祖》(福建教育出版社1989年出版),是一部大型的介绍妈祖信仰的图册。由朱天顺任主编的《妈祖研究论文集》(鹭江出版社1989年出版),这是继《湄洲妈祖》、《妈祖研究资料汇编》、《妈祖东渡台湾》等书之后,又一本研究妈祖及妈祖信仰的专著。收录了1987年农历九月初九为纪念妈祖逝世一千周年,在妈祖故乡莆田市举办的妈祖学术讨论会60篇论文中的31篇。由陈国强主编的《妈祖信仰与祖庙》(1990年福建教育出版社出版),对妈祖信仰与祖庙的情况作了较为全面的介绍。

② 蔡相辉. 台湾的王爷与妈祖 [M]. 台北:台原出版社. 1989.

以台南市大天后宫和北港朝天宫为实地考察点，进行了深入的研究。

徐晓望老师在妈祖文化的研究方面著述颇丰。他的大作《妈祖信仰史研究》，从史学的角度梳理了妈祖信仰在唐、宋、元、明、清各代的发展演变过程，可以说是一部妈祖信仰研究的信史。《论妈祖与中国海洋文化精神》这篇文章，从文化哲学的角度分析了妈祖文化与中国海洋文化精神的联系，将妈祖信仰视为东方海洋文化的代表——东方海洋文化体现了和平往来、自由贸易、平等待人、同存共荣等文化特征；而西方海洋文化则体现了侵略性、垄断贸易、种族歧视、一元尊大等文化缺陷。《妈祖的子民——闽台海洋文化研究》则是徐晓望老师另一本具有较高学术价值的妈祖研究著作。该书对闽台海洋文化及经济进行了深入透彻的研究，将妈祖视为东方海洋文化的代表，并对东方海洋文化的精神内涵作了高度的理论概括。徐晓望和陈衍德共同主编的《澳门妈祖文化研究》，采用了实地调查和史料文献相结合的研究方法，探讨了妈祖文化在澳门的起源和发展的研究，特别是其中与澳门渔业经济的密切关系。

除了以上比较重要的妈祖信仰史研究的成果外，历史学的分支学科的研究者的参与使得妈祖信仰的研究呈现多视角的趋势——文献学、历史地理学、考古学都在其中鼎力相助。

（2）文献学研究

曾美香的硕士学位论文《妈祖文献学研究》一文，对历代妈祖文献著录情况进行了详细的梳理。包括正史、方志、实录、典章、政书、碑刻铭文、笔记文集等文献内容详尽，具有较高的学术价值。同时文章还探究妈祖信仰和妈祖文献的互动关系，说明"妈祖信仰在发展过程中丰富了妈祖文献，妈祖文献同时推动了妈祖信仰的进一步传播"①。

黄雪婷的硕士学位论文《清代以前妈祖文献的演变及其价值研究》从文献学的角度出发，"从纵向阐述了妈祖文献的产生与演变，分析了宋、元、明、清四个朝代妈祖文献的种类及其特点；从横向分析了妈祖文献的区域分布"②；最后归纳了妈祖文献的传播方式以及妈祖文献的研究价值。

（3）历史传播与地理分布

闫化川博士的论文《妈祖信仰的起源及其在山东地区传播史研究》，考察了妈祖信仰何时传播到山东，又如何在山东沿海、内陆地区传播的。作者认为山东妈祖信仰突出特点是：明清时，很多"官庙"转由绅商士民捐资修建，这表明妈祖信仰的"官性"减弱，"商民性"增强，民间化的趋势日渐明朗；妈祖信仰在西线传播时，妈祖形象"变样"了，这是妈祖信仰与地方信仰、文化发生互动的结果；另外，他强调山东士绅在改造、推动妈祖信仰的传播方面起到了重要作用。

其他如：朱天顺的《妈祖信仰的起源及其在宋代的传播》和《清代以后妈祖信仰传播的主要历史条件》，徐国源的《民间神祇：信仰与传播》，分别从不同角度，对妈祖传播及其历史条件做出解释。郑沁衡的硕士学位论文《妈祖信仰传播和分布的历史地理过程分析》、王苧萱的《妈祖文化在环渤海地区的历史传播与地理分布》也都从历史地理学的角度对妈祖传播情况进行了研究，具有借鉴意义。

（4）史料史迹考证

史料史迹考证方面的成果主要有：张珣的《东南亚妈祖铭刻

---

① 曾美香. 妈祖文献学研究 [D]. [硕士学位论文]. 华中师范大学. 2008.
② 黄雪婷. 清代以前妈祖文献的演变及其价值研究 [D]. [硕士学位论文]. 福建师范大学. 2008. 摘要.

萃编》①、金秋鹏的《迄今发现最早的郑和下西洋船队图像资料——〈天妃经〉卷首插图》② 等。

（5）版本注释

林庆昌的《妈祖真迹——兼注释、辨析古籍〈敕封天后志〉》，作者对古籍《勅封天后志》进行整理，适当地进行译注、辨析，并在妈祖是"民间圣贤"的认识基础上，提出"防止将妈祖文化引向宗教范畴"③ 的观点。

3. 从人类学等新兴学科角度对妈祖文化的研究

20世纪80年代末以来，对于妈祖的研究主题逐渐拓宽和深入。人类学及相关学科如民俗学，以独有的学科特点和视角，结合文化遗产保护运动，广泛展开了对妈祖的研究。

李露露的《妈祖神韵——从民女到海神》④ 从妈祖信仰的性质、来龙去脉等方面对中国最著名的海神进行了研究，探讨妈祖信仰的区域性、中国文化的地域性、中国沿海文化的交流。李露露的另外一部著作《妈祖信仰》是各种妈祖传说的集大成者，并注重妈祖信仰功能的整理和考察。马书田、马书侠的《全像妈祖》⑤ 内容包括妈祖身世之谜、妈祖信仰溯源及信仰活动、海上保护神、妈祖娘娘的其他功德等。书中总结了妈祖在中国神祇史上具有诸多"之最"，即：历代对其尊称最多、皇封最多、宫庙

---

① 张殉. 东南亚妈祖铭刻萃编［J］. 中研院东南亚区域研究通讯. 1998年第66.70期.

② 金秋鹏. 迄今发现最早的郑和下西洋船队图像资料——（天妃经）卷首插图［J］. 中国科技史料. 2001（21）.

③ 林庆昌. 妈祖真迹——兼注释、辨析古籍《敕封天后志》［M］. 广州：中山大学出版社. 2003.

④ 李露露. 妈祖信仰［M］. 北京：学苑出版社，1994.

⑤ 马书田、马书侠. 全像妈祖［M］. 南昌：江西美术出版社，2006.

最多、信徒最多、庆典最盛。总的来说，这几本书通俗易懂、内容广泛，是全面介绍妈祖文化的普及读物。

(1) 文化遗产学角度

2006年5月，妈祖祭典成为第一批国家级非物质文化遗产保护项目。2009年9月30日，妈祖信俗被列入联合国"人类非物质文化遗产代表作名录"，成为中国首个信俗类世界遗产。到目前为止，从文化遗产角度研究妈祖信俗的文章主要有以下几篇：

吴真博士的《从封建迷信到非物质文化遗产：民间信仰的合法性历程》是一篇高质量的学术论文。文章共分为五个部分：为迷信去敏——作为学科策略的民间信仰，去宗教化与传统回归，到田野去——从社会分层到公共空间，权利话语与国家在场，非物质文化遗产运动中的民间信仰。五部分内容层层递进，论据翔实，论述有力。"中国民间信仰的当代学术史，见证和呼应着民间信仰以及信仰活动争取合法性的历程"①。文章虽未大幅介绍妈祖，但多次引用妈祖信俗作为示例论证，让我们对妈祖信仰在中国民间信仰丛林中的地位和发展脉络有宏观的俯视。

万建中的《非物质文化遗产的生存机制——以广东汕尾妈祖信仰为例》② 一文，从非物质文化遗产保护角度对妈祖文化进行了分析。文章认为妈祖信仰的生存机制错综复杂：既包括能指，也包括所指；既包括非物质，也包括物质的因素；既包括妈祖信仰内核成分，也包括其生存的文化环境，甚至涉及国家意识形态。应该从整体意识的时空领域理解妈祖信仰，探寻其生存机

---

① 吴真.从封建迷信到非物质文化遗产：民间信仰的合法性历程.中国宗教报告（2009）[R].北京：社会科学文献出版社.2009.

② 万建中.非物质文化遗产的生存机制——以广东汕尾妈祖信仰为例[J].广西民族大学学报（哲学社会科学版）2008（3）.

制。"对妈祖信仰这一非物质文化遗产进行阅读,可以促使我们更加全面而又动态地把握非物质文化遗产的生存机制,从而更好地保护和利用非物质文化遗产"。

福建师范大学人类学研究所妈祖文化保护研究中心所著的《妈祖文化的人文价值及其遗产保护》①一文,首先分析了妈祖文化的人文价值、妈祖文化遗产保护的紧迫性,继而指出保护和研究妈祖文化是义不容辞的责任。认为"妈祖文化研究的状况仍然堪忧,未能达到较为理想的水平,根本原因,在于妈祖文化的文献整理和研究这一基础工作严重滞后,直接影响了妈祖文化研究的深入"。

杨孔炽的《简论妈祖信仰的人文价值及其遗产保护和开发的紧迫性》②一文指出:妈祖文化中的有形文化和无形文化都遭受严重破坏,进行保护性和抢救性的工作已迫在眉睫。保护和研究妈祖文化是学者义不容辞的历史责任。

纪俊臣《妈祖信俗与世界文化遗产》③一文认为,妈祖信俗入选世界非物质文化遗产,不但肯定了妈祖信仰的宗教地位,而且将妈祖民俗活动所显现的文化价值由区域性地位提升至全球性地位,其意义重大。文中就文化资产保护层级、文化资产保护预算、文化产业保护人力、文化资产保护产业等软硬体兼顾方面提出一系列建议。

(2) 社会学角度

中国台湾"中央研究院"民族学研究所研究员林美容女士因

---

① 福建师范大学人类学研究所妈祖文化保护研究中心. 妈祖文化的人文价值及其遗产保护 [N]. 光明日报. 2003/11/18.

② 杨孔炽. 简论妈祖信仰的人文价值及其遗产保护和开发的紧迫性. 民族文化遗产(第一辑)[C]. 祁庆富主编. 北京:民族出版社,2004. 155;

③ 纪俊臣. 妈祖信俗与世界文化遗产. 庆安会馆 http://www.nbwb.net/qahg/index.asp 发布时间:2010 – 5 – 15.

执著于妈祖研究而被国内外学界誉称为"妈祖婆"、"南港妈祖"。其撰著的《妈祖信仰与汉人社会》一书,对遍布于台湾的妈祖信仰的来源、基本概念、本质、发展等作了详细阐述,深刻阐释了妈祖信仰与宗教组织、妈祖信仰与民俗艺团、妈祖信仰与地方社团等妈祖信仰与汉人社会关系问题,并提出了信徒组织的"信仰圈"与"祭祀圈"的创新界定。该书内容大致偏向台湾妈祖信仰之社会面与文化面意涵的探讨,特别是妈祖信仰与台湾之地域社会及民俗曲艺的关系。该书可作为透过妈祖信仰理解台湾传统社会与文化的主要参考书。

郑衡泌、俞黎媛的《妈祖信仰分布的地理特征分析》一文,就影响妈祖信仰分布的因素中最为重要的海洋因素进行了统计学的分析,证实了妈祖信仰的分布与海岸线有密切的关系。其定量研究方法较有特色。

李伯重的《"乡土之神"、"公务之神"与"海商之神"——简论妈祖形象的演变》[1]、谢重光的《试论妈祖信仰的社会功能》[2]、蔡少卿的《中国民间信仰的特点与社会功能——以关帝、观音和妈祖为例》[3] 等文章就妈祖信仰的社会功能进行了研究。

(3) 性别视角

从性别角度来探讨妈祖文化,是理解妈祖文化的新视角。徐晓望在《福建民间信仰源流》一书中,提出妈祖信仰实质是母亲崇拜这一观点,对学界产生了一些影响。

翁珠琴所著论文《东坡村:文化权利的困惑与妈祖女信徒的

---

[1] 李伯重."乡土之神"、"公务之神"与"海商之神"——简论妈祖形象的演变 [J]. 中国社会经济史研究. 1997 (2). 47-58.

[2] 谢重光. 试论妈祖信仰的社会功能 [J]. 中共福建省委党校学报. 2002 (1). 67-61.

[3] 蔡少卿. 中国民间信仰的特点与社会功能——以关帝、观音和妈祖为例[J]. 江苏大学学报(社会科学版). 2004 (4). 32-35.

命运》①，从人类学的性别视角分析了东坡村主导文化——妈祖文化内部的权力结构及权力运行对该村妈祖女信徒的影响，展现了社会转型期里，农村妇女公共文化生活的全貌。文章认为：在东坡村公共文化生活领域内，不论是在正式制度中还是在非正式制度中，男性依然控制着文化权利。女性虽然也通过妈祖信仰、民间自治、异文化冲击等方式争得了部分权利，但这种回归的文化权力通常是畸形的，这导致了东坡村文化权力领域的种种困惑。这些困惑使女性对自身、对社会产生失望，并最终把命运交给神灵。

梁静华的《男性话语下的妈祖崇拜》通过对历代记载的有关妈祖的文献分析，探析出其中隐含着的父权意识。"封建社会中父权意识无处不在，即使是人们（包括统治阶层）崇拜的女神"。文章认为妈祖的形象是少女的形象，这是由封建社会中人们特殊的审美心理决定的；妈祖"自幼聪颖，不类诸女"之类话语隐含着对女性独立认知意识的否定。妈祖崇拜虽缘于对巫的崇拜，但在宋代，对女巫的崇拜不再蕴含着对女性的敬拜。"总之，日益丰富的妈祖资料无不隐含着对女性的歧视，妈祖崇拜是男性话语下的妈祖崇拜。"②

余荣敏的论文《女权视角下的妈祖形象解读》③，分析了妈祖的女性神灵形象。认为在封建社会男尊女卑的制度下，"万能女神"没有提高大多数女性的地位。历代统治者对妈祖褒奖和敕封的本意不在于提升女性的地位，而是带有强烈的功利性。

黄陈芳在《福建女神崇拜的社会性别思考——以妈祖、严婆为例》中认为女神崇拜不仅是民间信仰的一部分，也是社会性别

---

① 翁珠琴．东坡村：文化权利的困惑与妈祖女信徒的命运［D］．［硕士学位论文］福建师范大学．2007.
② 梁静华．男性话语下的妈祖崇拜．海南广播电视大学学报［J］．2009（2）．
③ 余荣敏．女权视角下的妈祖形象解读［J］．福建省社会主义学院学报．2007（4）

文化的一种表征——女神崇拜参与了女性社会性别的建构。此文"运用女性学、社会学和文化学等学科的理论知识，运用社会性别分析视角，运用文献分析法、田野调查法、比较分析法探讨福建女神文化建构的社会背景及其特点，分析福建女神崇拜事象中的社会性别关系，客观评价女神的形象和女性的地位，揭示性别不平等的客观实在，揭露女性受压迫的文化根源，亦倡扬女神崇拜的积极意义，肯定女性合法的文化地位和价值性，发出女性的声音。"①

台湾实践大学陈蓉蓉的论文《从女性主义论妈祖的人格特质》，论述了女性主义与妈祖人格特质的关联性——妈祖是两性和谐社会的调和者。"妈祖人格特质形成妈祖文化，信众因受妈祖人格感召，而能超越性别认同妈祖，诚服妈祖。妈祖精神不仅值得女性效法，亦为男性信众所诚服，获得两性一致的接纳，达到圆融的效果。此亦可与致力女性主义理想奋斗的先行者，提供一项新的契机。"②

从性别角度分析妈祖文化的相关文章还有：葛凯伦《为什么选择一个女人当保护神》，作者从佛教、道教、儒家文化、男性心理等多个角度分析了选择一个女性当海神的原因，认为妈祖信仰的发生和发展与妇女有很大关系，"选择一个女性纯属有意识的选择"③。曲金良的《从龙王爷到"国家级"海洋女神——中国历代海洋信仰》④ 也分析了海神由男性神被女性海神妈祖取代

---

① 黄陈芳. 福建女神崇拜的社会性别思考. 福建师范大学［D］.［硕士学位论文］. 2009.

② （台湾）陈蓉蓉. 从女性主义论妈祖的人格特质. 庆安会馆 http：//www.nbwb.net/qahg/index.asp 发布时间：2010-5-15.

③ ［美］葛凯伦. 为什么选择一个女人当保护神. 郭骥（译）. 海内外学人论妈祖［C］. 林文豪主编. 北京：中国社会科学出版，1992. 122-127.

④ 曲金良. 从龙王爷到"国家级"海洋女神——中国历代海洋信仰［D］. 海洋世界. 20060（2）.

的原因。

（4）其他

郭志超的《妈祖与渔民社会以及胥民群体的关系》[①]、《妈祖林氏是古代少数民族》[②] 从民族学角度对妈祖与族群关系进行研究。郑明忠的《妈祖神化传说对社会习俗的影响》[③]、周金琰的《妈祖传说的研究价值》[④] 探讨妈祖传说对于社会文化、民俗的影响问题。从旅游管理角度研究的论著有《旅游产品生命周期理论视野下湄洲岛妈祖文化旅游资源开发研究》[⑤]、《旅游者地方依恋研究——以妈祖朝圣地湄洲岛为例》[⑥]；从艺术学角度出发的研究有《妈祖信仰中的民间装饰设计研究》[⑦]、《妈祖文化与戏剧活动》[⑧]；从文化传播学论述的著作有《奇观营造与文化认同——媒介图景中的妈祖文化》[⑨] 等。

总之，这一时期的主要特点就是多学科、多视角切入到妈祖文化研究中，不仅包括主流研究学科历史学，而且还包括人类

[①] 郭志超. 妈祖与渔民社会以及胥民群体的关系. 两岸学者论妈祖［C］. 第二集. 1998. 114－117.

[②] 郭志超. 妈祖林氏是古代少数民族［J］. 民族. 2000（3）. 42.

[③] 郑明忠、陈建城. 妈祖神化传说对社会习俗的影响. 妈祖研究论文集［C］. 厦门：鹭江出版社，1989. 224－226.

[④] 周金琰. 妈祖传说的研究价值. 海内外学人论妈祖［C］. 林文豪主编. 北京：中国社会科学出版，1992. 155－163.

[⑤] 蔡加珍. 旅游产品生命周期理论视野下湄洲岛妈祖文化旅游资源开发研究［D］.［硕士学位论文］华侨大学. 2005.

[⑥] 高德兴. 旅游者地方依恋研究——以妈祖朝圣地湄洲岛为例［D］.［硕士学位论文］. 福建师范大学. 2008.

[⑦] 柯立红. 妈祖信仰中的民间装饰设计研究［D］.［硕士学位论文］. 福建师范大学. 2006.

[⑧] 郑林群. 妈祖文化与戏剧活动［D］.［硕士学位论文］. 厦门大学. 2009.

[⑨] 姚丽君. 奇观营造与文化认同——媒介图景中的妈祖文化. 郑林群. 妈祖文化与戏剧活动［D］.［硕士学位论文］. 厦门大学. 2009. 苏州大学. 2009.

学、宗教学、社会学、民俗学、女性学、文化遗产学等。尽管学科路径各有不同，学科所寻找的意义世界更是迥异，但是"妈祖"已经成为一个多学科所认同的研究对象。而对同一个领域，不同学科的研究者都在反省自己的研究应当如何与其他学科研究的相处。妈祖"只是一个研究领域，抑或有可能提出一套完整的理论思路和结构意义？未来的中国学术研究必将对此作出回应。①"

二、辽宁地区妈祖文化的少量研究

占全国海岸线八分之一的辽宁省，其沿海城市丹东、大连、锦州、营口等地至今留有妈祖文化的遗存，甚至处于辽宁内地的沈阳市、本溪市也有天后宫遗迹。2009年丹东市大孤山天后宫海神娘娘（妈祖）祭祀巡游已进入辽宁省省级非物质文化遗产名录；大连地区也将海神娘娘祭奠、海神娘娘传说及以妈祖信仰为载体的放海灯民俗列为市级非物质文化遗产。②

但从笔者收集的资料来看，到目前为止，有关辽宁地区的妈祖文化的学术研究极其薄弱：已有的成果多为辽宁本土学者所著，与规范的学术研究标准尚有距离。个别省外学者（如中国海洋大学的金曲良老师）虽有涉猎，但并未把辽宁地区妈祖信仰作为主要的研究对象。辽宁地区数百年的妈祖文化历史积淀，在蔚为大观的中华妈祖文化研究中却几乎没有反映，这不能不说是妈祖文化研究的一个遗憾。正如辽宁省丹东市学者许敬文先生在《由县志（指〈东沟县志〉）缺少妈祖文化记述引发的思考》文

---

① 吴真．民间信仰研究三十年．民俗研究．2008（4）．50．
② 具体是：庄河放海灯民俗，申报地区为庄河市；海神娘娘传说，申报地区为庄河市；普兰店放海灯，申报地区为普兰店市；大连海神娘娘祭奠，申报单位为市艺研所市艺术馆；旅顺放海灯，申报地区为旅顺口区。其中庄河放海灯民俗为大连市第一批市级非物质文化遗产，其余均为大连市第二批市级非物质文化遗产。

章中提到:"在厚厚的一部县志中,竟然找不到一点儿有关'妈祖文化在东港'方面的记述","内心感到自责和内疚"。①

(一)历史文献资料

在历史文献资料方面,辽宁地区天后宫情况在各类方志中有少量记载。根据《妈祖研究资料目录索引》所提供的材料来看,共有16种方志对天后宫信息有所记载。如《奉天通志》、《钦定盛京通志》、《锦州府志》及众多县志。从这些史料来看,仅仅提供了天后宫的地理位置、建庙时间等一些简单信息。在本书的第二章《妈祖信仰在辽宁地区的传播》中,笔者将主要参考这些资料,结合其他历史文献和田野调查资料编绘出辽宁妈祖庙分布图表,粗略勾勒妈祖信仰在辽宁地区传播历史和现状。届时将详细引用、叙述这些史料,此处暂不赘述。

(二)现代研究

上海社会科学院宗教学研究所的陈耀庭所撰的《辽东地区妈祖庙初探》是迄今为止笔者所见唯一一篇比较全面研究辽宁妈祖文化的学术文章。作者结合文献材料介绍了辽东半岛的妈祖庙的情况,并总结了辽东地区妈祖信仰的特点:妈祖信仰的传播与辽东地区航运事业的发展密切关联、妈祖信仰与东北地区民众对女性神的信仰结合。由于史料的限制②,作者留下了"只有等待有新的史料发现,才可以断定十五世纪的辽东地区是否确有妈祖

---

① 许敬文.由县志缺少妈祖文化记述引发的思考[C].中国东港 www.donggang.gov.cn 发布时间 2008-04-23.

② 正如作者在文末所说:"写作本文,主要是根据在上海能够读到的书面材料以及东北地区朋友提供的材料"陈耀庭.辽东地区妈祖庙初探.妈祖信仰的发展与变迁:妈祖信仰与现代社会国际研讨会论文集[C].林美容、张珣、蔡相辉主编 2003.321.

庙"的存疑①。

马义、丁铭所著的《祖供在辽河边》② 以游记的形式介绍了辽宁省锦州市天后宫的来历、妈祖文化的传播状况。马书田、马书侠的《全像妈祖》③ 一书对锦州天后宫和营口天后宫的情况做了简要介绍。刘秀丽的《海角风情》④ 一书收录了"红头绳"等一些当地的妈祖传说。中国民间文学集成辽宁卷《东沟资料本》⑤ 也收录了《海神娘娘》、《孤山圣母廡的传说》等妈祖传说。

《海角妈祖》⑥ 是辽宁省东港市妈祖文化交流协会新近（2009年）出版的著作。该书详细介绍了妈祖文化传入辽宁省东港市的时间、目前流播状况以及当地政府和学者为了宣传妈祖文化而进行的活动，有较高的资料价值。

《东港文化丛书》是一套全面介绍东港人文的书籍。该书比较全面地从不同角度展示了东港市人文历史、风物景观、文化底蕴和民风民俗。包括《人文东港》、《海角东港》、《红楼梦与大孤山》、《东港俗闻稗考》、《风味东港》、《情系东港》六本书。该丛书是当地文化人士在政府组织下对本土文化资源系统性的挖掘与整理，具有很高的学术资料价值。整套丛书中虽未大幅介绍妈祖，但是为我们展现出广阔的妈祖文化生存空间。笔者有幸于田野调查时获赠此套丛书，不时翻阅，收益良多。

东港市妈祖文化交流协会副秘书长张所文老师，是东港地区

---

① 已有充分的证据证明，早在元代时期辽东地区就已有妈祖庙存在。关于这个问题，笔者将在第二章"妈祖信仰在辽宁地区的传播"中具体展开论述。
② 马义、丁铭. 妈祖供在辽河边 [J]. 今日辽宁. 2007年4期.
③ 马书田、马书侠. 全像妈祖 [M]. 南昌：江西美术出版社，2006.
④ 刘秀丽. 海角风情 [M]. 长春：吉林摄影出版社，2006.
⑤ 孙传青主编. 中国民间文学集成辽宁卷《东沟资料本》[M]. 出版社不详，1986.
⑥ 岳长贵、许敬文. 海角妈祖 [M]. 北京：群众文化出版社. 2009.

著名的民间文化专家,对当地的妈祖文化有较深入的研究。他撰写的《大孤山海神娘娘祭祀祭奠新探》,介绍了大孤山地区清代(1886年)妈祖祭祀的具体情况,以及大孤山海神娘娘祭祀与其他地区祭祀在仪式上的区别。在《大孤山天后宫妈祖祭祀及其现实意义》一文中,张所文老师详细介绍了大孤山地区影响最大的一次(1763年)妈祖祭祀活动。而《海神娘娘与海神》一文则澄清了一个关于妈祖的事实:海神并非海神娘娘——他们是两个神,一位是东南"沿海之神"妈祖(海神娘娘),一位是"北海之神"禺强。①

《锦州天后宫正殿雕刻艺术初步研究》通过对锦州天后宫正殿装饰石雕、砖雕、木雕的初步研究后得出结论:"虽然妈祖文化在传播了几百年之后才到达清朝的锦州,但是从锦州天后宫正殿的雕刻艺术我们仍能够看出,其首先继承了传统天后宫庙的艺术风格,即选用大量的寓意家庭幸福、生活美满、长命富贵的装饰雕刻,但又受到了北方传统内敛雕刻风格的影响,整体上呈现出敦厚、庄重、巧饰,有疏有密的艺术特征。"②

秦岭的《大连地区的妈祖信仰》一文,解答了"大连地区最早从何时起信仰妈祖?与我国其他地区,如南方福建、台湾、澳门及北方的山东、天津相比,大连的妈祖祭拜有何不同?"③等问题。同时发现,"大连妈祖信仰的三大地域特征:现存东北妈祖信仰最早文字记载的'天妃庙记'碑、曾为北方沿海数量最多的天后宫悉数被毁、现有规模最大的妈祖祭拜方式——放海灯"。④

一些外来学者对辽宁地区的妈祖文化略有涉及。如曲金良老

---

① 上述三篇文章,都是笔者调查时张所文老师所赠,未公开发表。
② 何兰、王欣铨.锦州天后宫正殿雕刻艺术初步研究[J].辽宁工业大学学报(社会科学版)2008(6).
③ 秦岭.大连地区的妈祖信仰[J].戏剧丛刊.2009(1).
④ 秦岭.大连地区的妈祖信仰[J].戏剧丛刊.2009(1).

师的《环渤海圈民间海神娘娘信仰的历史与现状》、及其指导的学生王苧萱的硕士学位论文《妈祖文化在环渤海地区的历史传播与地理分布》两文中,提及了营口天后宫和大连地区海灯节的情形①。姚舒然的硕士学位论文《妈祖信仰的流布与流布地区妈祖庙研究》② 以妈祖信仰的流布路径为线索,以流布地区的妈祖庙建筑研究对象,归纳总结出妈祖庙建筑与社会经济和文化发展之间的相互关系。其中作者从建筑史的角度对锦州天后宫、大孤山天后宫建筑进行了详细分析,视角新颖。

1985 年"泉州海外交通史博物馆调查组"在全国范围内对妈祖史迹进行了广泛的调查后,撰写了《天后史迹初步调查》③ 一文。文中记录了辽宁几座天后宫的历史状况,考证翔实,值得借鉴。

王荣国的《海神妈祖信仰在沿海一带传播中的变异》简要介绍了妈祖文化在辽宁省东港市传播时与当地文化的融合,比如传说天后娘娘是骑着海骆驼从福建湄洲来到东沟(东港旧称)海边。并指出"妈祖信仰作为一种文化,当它向沿海不同区域传播而为当地民众所接受并使之与本地文化结合,这种结合或许是以美好的传说,或许是以种种'借口'或'理由',或许出于某种现实的考虑作为链接,形成一种信仰文化心理上的亲和力,从而在当地民众中承传不衰。"④

---

① 曲金良. 环渤海圈民间海神娘娘信仰的历史与现状 [J]. 民间文化论坛. 2004 (6). 王苧萱. 妈祖文化在环渤海地区的历史传播与地理分布 [D] [硕士学位论文]. 中国海洋大学. 2008.
② 姚舒然. 妈祖信仰的流布与流布地区妈祖庙研究 [D] [硕士学位论文]. 东南大学. 2007.
③ 泉州海外交通史博物馆调查组. 天后史迹的初步调查. 海交史研究. 1987 (1). 46 – 65.
④ 王荣国. 海神妈祖信仰在沿海一带传播中的变异 [J]. 福建宗教. 2000 (6).

其他记载辽宁地区天后宫（妈祖庙）的资料，现列举如下[①]：《锦州天后宫》[②]、《营口庙宇散记（之一）——天后行宫》[③]、《大连天后宫》[④]、《兴城海口天后宫》[⑤]、《沈阳天后宫》[⑥]、《青堆镇天后宫》[⑦]、《旅顺天后宫》[⑧]、《沈阳市内的两座天后宫》[⑨]、《天后宫与妈祖文化》[⑩] 等。这些文章提供了较详细的宫庙的介绍，是较为可靠的参考资料。

总的来说，历史上妈祖信仰在辽宁沿海地区曾经相当盛行，但相关历史资料较为有限，且学术界对于辽宁地区妈祖信仰的关注较少：或是资料性的介绍，或在专著中一笔带过，偶有学者试图研究也不够深入，本土学者的研究又未达到系统的学术标准，以至于直到今天，辽宁地区的妈祖文化研究仍然几为空白。因此，对该地区的妈祖文化进行系统的学术研究十分必要。本书作者希望，这篇论文的写作能够为薄弱的辽宁地区妈祖研究做出些许贡献。

[①] 此处主要参考：郑丽航、蒋维锬主编. 妈祖研究资料目录索引 [M]. 福州：海风出版社. 2005. 356 – 357.

[②] 李树基. 锦州天后宫. 锦州文史资料·第六辑 [M]. 1985. 10. 151 – 153.

[③] 闻石. 营口庙宇散记（之一）——天后行宫. 营口文史资料·第四辑[M]. 1986. 96 – 100.

[④] 尚允川. 大连天后宫. 辽宁文史资料·第十九辑——（辽宁名寺）[M]. 1987. 205 – 208.

[⑤] 戴元立. 兴城海口天后宫. 兴城文史资料选辑·第3辑 [M]. 1987. 67 – 68.

[⑥] 胡乔. 沈阳天后宫. 大东文史资料·第一辑 [M]. 1987. 10. 106 – 107.

[⑦] 刘恒恺. 青堆镇天后宫. 庄河文史资料·第七辑 [M]. 1991. 98 – 100.

[⑧] 张奎藩. 旅顺天后宫. 旅顺口文史资料·第一辑 [M]. 1992. 89 – 91.

[⑨] 宛树邦. 沈阳市内的两座天后宫. 沈河文史资料·第三辑（寺庙专辑）[M]. 1992. 2. 77 – 79.

[⑩] 傅志岩. 天后宫与妈祖文化. 古塔朝晖——广济寺览胜 [M]. 辛发，鲁宝林. 南京：金陵出版社. 1999. 50 – 51.

第四节　采用的理论、方法及创新之处

一、采用的理论

本书采用的理论主要包括文化生态理论、文化多样性理论和文化自觉理论。

（一）文化生态理论

"生态"一词，原本是自然科学领域里的一个术语，其本意是指生物的生理特性和生活习性。文化领域同样有着"生态系统"。如果我们把所有的文化事项看作是一个系统，这就是一个原生的、有着同自然生态系统一样彼此依赖或相互补偿、交换、转化和制衡作用的"文化生态系统"。在这种系统之中的文化生态，包含自然环境和社会环境中的各种因素交互作用中产生、发展、变异的各种文化现象。

祁庆富老师指出：只有以整体、发展的眼光来认识文化存在的生态空间，才能在实践中更好地把握和保护人类的精神家园。在这一理念指导下，文化遗产的保护就呈现出整体性、生活性、生态性特点。也就是说，我们不但要保护遗产本身，更要保护与遗产密切相关、孕育发展出文化遗产的社会环境。把"文化生态"理念引入非物质文化遗产的调查、保护过程中，其实是强调一种文化整体观念。将民族文化遗产置于其生存的文化生态中，从历史变迁以及文化空间的视野把握文化生态的各个要素，全面、动态地把握妈祖文化的生存机制，以活态传承的方式实现妈祖文化遗产的保护。

(二) 文化多样性理论

文化多样性是非物质文化遗产保护的出发点。2001年11月，联合国教科文组织通过了《世界文化多样性宣言》（以下简称《宣言》）。《宣言》第一条指出："文化在不同的时代和不同的地方具有各种不同的表现形式。这种多样性的具体表现是构成人类的各群体和各社会的特性所具有的独特性和多样化。文化多样性是交流、革新和创作的源泉，对人类来讲就像生物多样性对维持生物平衡那样必不可少。从这个意义上讲，文化多样性是人类的共同遗产，应当从当代人和子孙后代的利益考虑予以承认和肯定。"《宣言》还强调指出："文化多样性也是发展的动力之一，它不仅是促进经济增长的因素，而且还是个人和群体享有更加令人满意的智力、情感和道德精神生活的手段。"

2005年10月第33届联合国教科文组织大会上通过的《保护和促进文化表现形式多样性公约》中，"文化多样性"被定义为各群体和社会借以表现其文化的多种不同形式。这些表现形式在他们内部及其间传承。文化多样性不仅体现在人类文化遗产通过丰富多彩的文化表现形式来表达、弘扬和传承的多种方式，也体现在借助各种方式和技术进行的艺术创造、生产、传播、销售和消费的多种方式。

文化多样性是人类文化的基本特征，也是人类文明进步的重要动力。保护非物质文化遗产就是保护多元文化和文化的多样性。只有坚持维护文化多样性原则，遵循文化多样性法则，才有可能切实保护好文化遗产。

(三) 文化自觉理论

费孝通先生曾对"文化自觉"总结说："生活在一定文化中的人对其文化有'自知之明'，明白它的来历、形成的过程、所具有的特色和它发展的趋向，自知之明是为了加强文化转型的自主能力，取得决定适应新环境、新时代文化选择的自主地位。"简言之，文化自觉是文化的自我觉醒，自我反省，自我创建。这一理念强调了其历史性与社会性，更强调的是人对于文化转型的积极性和主动性。

文化自觉是文化遗产保护的最高境界。在非物质文化遗产传承过程中，真正的传承主体不是政府、学界、商界或媒体，而是那些深深植根于民间社会的非物质文化遗产的拥有者、使用者和传承者。非物质文化遗产属于全民，真正实现非物质文化遗产保护也需要全民的文化自觉。

二、研究方法

本研究采用文献法和田野调查法。

文献法是搜集和分析研究各种现存的有关文献资料，从中选取信息，以达到某种调查研究目的的方法。它适用范围广，在社会调查研究中，是最基础和用途最广泛的搜集资料的方法。关于妈祖文化的记载和研究，分散存留于各代文献中，所以搜集查找已有文献，进而进行整理分析的工作非常必要。本研究将对辽宁地区的妈祖文献进行全面系统的梳理，为相关研究打下基础。

陆游曾曰："纸上得来终觉浅，绝知此事要躬行"。田野调查法是人类学最重要的研究方法。众多民间的、世俗的、活态的、民族的、非主流的文化，也即雷德菲尔德所言的"小传统"文化，是人类文化重要的组成部分，也是最能体现人性、最具创造力和生命力的文化。实地调查、参与观察和深入访谈，是收集整理"小传统"文化的科学方式。妈祖文化作为一种穿越千年历史长河的民间信俗，其鲜活的形态至今保存于民间，因此，研究妈祖信俗文化，民族学人类学的田野调查方法必不可少。笔者已于

2009年7—9月在辽宁省东港市大孤山地区进行了为期三个月的田野考察，对大孤山妈祖文化生态圈进行了较深入的观察（后又有两次实地补充调查），收集了相当数量的资料。

三、创新之处

（1）以点（孤山镇）带面（辽宁省），较为充分地挖掘了古代文献中有关辽宁地区妈祖信仰的记载，在一定程度上填补了辽宁地区妈祖信仰研究的空白。

（2）借用美国人类学家詹姆斯·沃森的"神的标准化"概念，用以解释大孤山地区历史上的妈祖信仰传播过程中的现象；并针对当代文化遗产保护热潮中的现象，提出了"神的再标准化"概念；进而提出"民间文化的标准化与再标准化"概念，用以概况当代中国民间文化保护工作中存在的问题。

（3）重视分析基层社会妈祖信仰中不同力量所发挥的不同作用和所担任的不同角色，强调普通民众的作用和地位，强调在文化遗产保护工作中，应注重激发公众的"文化资源"意识，尊重公众的"文化主人"地位，让非物质文化遗产保护与传承摆脱"政府与社会精英独尊"的片面做法。

第一章 研究历程及调查点概况

本章主要包含研究历程和调查点概况两部分内容。将这两部分放在一起出于这样的考虑：在研究过程中，最为突出的部分是田野调查和实地考察的历程，而这些历程与调查地点息息相关。为文章整体架构合理并兼顾行文方便，特做此安排。

第一节 研究历程

进行符合学科规范的田野调查并撰写合格的研究成果，既是民族学学科训练的基本功，也是一个民族学专业学生的成年礼。本研究的基本完成也大致经历了前期考察和后期撰写两个过程。

按照当代人类学的研究范式，对研究过程的反思必须贯穿在研究成果的写作中①。早期民族志书写范式中不能出现第一人称，但这种禁忌已经被后来者打破。本书无意针对"科学"与"非科学"的民族志展开讨论，只希望通过对研究过程的简单叙述，说清楚"我是怎么做的这个研究"，以期本书读者能够就本书调查材料的获取方式和成文过程有一个初步的了解。

本书的形成包括选题、预调查、定题、田野调查、撰写调查

---

① 参见：[美]詹姆斯·克利福德、乔治·E. 马库斯编著. 写文化——民族志的诗学与政治学. 高丙中、吴晓黎、李霞等译，北京：商务出版社，2006.

报告、补充调查、撰写学术论文、撰写学位论文等数个阶段，前后历时两年半。下面分六个部分予以介绍。

一、选题阶段（2008.10—2009.5）

2008年9月，笔者有幸考取中央民族大学民族学专业博士研究生，师从祁庆富老师，主攻民族文化遗产保护方向的学习和研究。入学伊始，祁老师就要求我们关注毕业论文的选题。祁老师授课育人循循善诱，因势利导，多次提醒我关注中国北方尤其是辽宁地区的妈祖文化研究。祁老师的考虑有两方面：一是因为有关辽宁地区的妈祖学术研究基本还是空白，作为一个文化遗产保护方向的研究生，这是一个较好的学术切入点；二是因为我是辽宁人，对家乡文化较熟悉，这有利于实地调查的进行和地方性文化本义的理解。

按照导师的要求，我进行了较为充分的文献准备和资料收集，对有关妈祖的研究有了初步的认识，深感导师的判断准确精湛——仅仅几个月后，也就是2009年9月30日，中国政府提名的妈祖信俗被列入联合国《人类非物质文化遗产代表作名录》，妈祖信俗成为我国首个信俗类世界文化遗产；而几个月之前的2008年6月，同属北方妈祖信仰体系的天津市民俗博物馆申报的妈祖祭典（天津皇会）被列为第一批国家级非物质文化遗产扩展项目名录；妈祖祖庭所在地的福建省莆田市"湄州妈祖祭典"，更是早在2006年5月就被批准为第一批国家级非物质文化遗产代表作。还不为外界所了解的辽宁地区妈祖信俗，十分需要文化遗产保护方向的专业研究。无疑，祁老师为我选择了一个既有理论研究价值，又有现实意义，同时具备可行性的研究课题。

二、试调查（2009.5.7—2009.5.22）

研究方向已明了，但考虑到各种条件限制，还需要落实到某个具体调查地域。辽宁地区妈祖信仰范围较广，沿海地区尤盛，而我必须寻找一个合适的田野考察点长期观察，然后在此基础上进行延伸研究。在资料的收集过程中，两篇媒体文章——《由县志缺少妈祖文化记述引发的思考》和《东港市将重塑东北妈祖文化的中心地位》引起了我的注意，其中言及"东港市孤山镇妈祖庙祭典将申报辽宁省非物质文化遗产"。由此，东港市孤山镇进入了我的视野。经过半年多的关注之后，在2009年农历四月十八（公历5月12日）东港市大孤山庙会期间，我独自出发，对完全陌生的孤山镇进行了一次为期两周的试调查。

2009年5月7日，终于踏上了这片让我牵挂多时的土地。孤山镇庙会热闹非凡，人山人海。在当地政府的组织下，更在当地千年风俗的感召下，各式各样的民俗活动让小镇成了欢乐的海洋。我带着仍显稚嫩的学术眼光，走在熙熙攘攘的人群中，感受和观察这里深厚的文化底蕴和淳朴善良的人们。

十多天的调查中，我一方面感受和观察，一方面思考田野考察如何开展和进行。若干天的时间里，我或者苦无良策地坐在小旅馆的房间里，或者漫无边际地走在欢乐的人海中，或者毫无头绪地询问当地人一些后来看起来十分幼稚的问题，进展一直不大。一周后的5月15日，转机终于出现：当我在大孤山脚下询问几个天后宫管理人员时，他们众口一词地推荐我去找一位当地的文化名人——镇政府镇志办公室负责人张所文老师，因为"他最明白这些事儿"，并热心地给了我他的联系方式。后来发生的事实证明，张所文老师的出现，是我进行本研究过程中的关键节点。

张所文老师曾任东港市文化馆副馆长、孤山镇文化分馆馆长，从事辽东半岛民俗、民风、礼仪、祭典等研究四十余年，出版了多部书籍。担任政府官员的同时，张所文老师还是东港市妈祖文化交流协会的副秘书长、大孤山海神娘娘（妈祖）祭祀巡游传承人。与普通的政府官员不同，张老师是典型的文化人，热衷地方民间文化胜过官场沉浮。我在前期收集的地方资料中就曾多次看到他的名字。

张老师热情地欢迎我来孤山镇调查，第一次见面就赠给我许多他编写和收集的当地妈祖信俗的资料。尔后的时间里，他又给我介绍了很多当地妈祖的各方面信息，并给我引荐了其他当地的文化名人。张老师的无私帮助让我顿时打开了局面，找到了进入当地文化生态的第一扇门。当我带着张老师给我的沉重书籍和资料离开孤山镇时，已经对下一步的研究有了充分的信心。

三、定题及调查经费的获得（2009.5.22—2009.6.29）

回京后，我把试调查的情况向祁庆富老师做了汇报，同时表达了将博士学位论文定题于此并在孤山镇进行田野调查的愿望，得到导师的认可。祁老师又对我的下一步调查进行了周密详尽的指导。让我更加坚定了继续调查的决心。

好雨知时节。正在我为下阶段调查的经费发愁的时候，中央民族大学"985工程"民族发展与民族关系问题研究中心主办了"民族发展与民族关系问题"实证研究高级讲习班（以下简称为讲习班）。讲习班先后邀请海峡两岸9位知名的民族学人类学专家担任学术指导，讲授民族学最前沿学术成果和田野经验，并为参加讲习班的研究生提供3个月的田野调查经费资助。这对于我们这些缺乏调研经费的在校博士生，无疑是天大的好事。我根据自己的实际情况，申报了由白振声老师辅导的项目课题，有幸入选。好事成双，我和五位同学一起申请本校的暑期调研项目（也是同一研究课题）也获批准，困扰多时的调查经费问题得以基本解决。

四、暑期调研和田野调查（2009.6.30—2009.9.30）

2009年6月30日，我和五位博士生同学来到孤山镇，再次见到了张所文老师。张老师很高兴有这么多北京来的学生关注孤山文化，关注妈祖信仰，兴致勃勃地带领我们参观大孤山天后宫、基督教堂旧址、姑子庙（尼姑庵）、清真寺等文化场所，并访谈了几处宗教场所负责人，并让我们参与录制了一期东港电视台的《人文东港》节目。

十天后，暑期调研项目结束，五位同学陆续离开，我独自一人留在孤山镇，开始了为期三个月的正式田野调查。张所文老师为我周到地安排了调查行程，并介绍我入住大孤山脚下一位普通居民的家中。

为了更好地参与观察当地民风，我请张所文老师为我挑选了当地传统居民社区作为居住处。房东家的院落是典型的北方四合院民居布局，既有百年土坯老屋，也有新盖的砖瓦房。院落里种有孤山镇特有的孤山杏梅——是清末由传教士聂乐信从丹麦带来的黄杏与本地杏树嫁接的品种（田野期间碰巧正是杏梅成熟时，孤山镇满镇飘香，我也有幸饱尝了这种因中外文化交流而产生的美味）。

我住在房东家的土坯房中。透过窗户，就能看见大孤山的山顶，听见山上庙宇的丝竹之音。老旧的墙壁上，厚厚的墙纸早已和土坯墙剥离，这让屋子里的为数众多的老鼠们有了活动空间——它们不论白天黑夜地在空心的墙板和房顶间穿梭往复，发出窸窸窣窣的声音，在它们的世界里活得轰轰烈烈。这些小家伙们陪伴我度过不少独处时光。

　　房东家外的小巷相对宽敞和平坦（山脚下如这般平坦的巷子很难得），还有一个商品小卖部，因此成为附近居民扎堆消闲的地方——按照学科术语，这里是社区文化和物资交流的中心。每天吃完晚饭，各家的老人、妇女和小孩就拿着小板凳，集中到这里纳凉、唠嗑，偶尔也打打扑克。他们的友善和热情，使我很快适应了新环境，也逐渐通过他们开始了解当地百姓心中的精神世界。

　　房东崔阿姨对我的生活关照很多，关系十分融洽。她时常带上我和她的小孙女，一起上大孤山采蘑菇。我也经常带着她的孙女去儿童游乐场玩耍——那里曾经有孤山镇标志性的历史建筑——魁星楼。①

　　按照调查的初始设计，我的调查目标是孤山镇妈祖信仰，以及当地妈祖信仰所栖居的文化生态圈，因此调查的对象具体包括大孤山天后宫在内的各种宗教机构、宗教人士及信众。神奇的大孤山，在方圆一公里的范围内，集中分布了大量儒、道、释、妈祖、基督教、伊斯兰教等宗教场所（各种不同信仰的宗教场所数百年来毗邻而居，甚至分不清界限），且大多保存完好。这些场所成为我经常光顾的地方。

　　我逐渐熟识大孤山古庙上的许多道士，甚至偶尔冒充当地"老人儿"，向游客介绍新来的道士；基督教堂就在房东家旁边，

---

① 孤山镇魁星楼矗立于大孤山前东山之上，建于何时暂无考证，二层、高五丈、魁星手提朱红大笔，笔点处"状元及第"，据说是当地周府（即开国上将周桓的故居）所建。20世纪40年代以前，魁星楼一直是孤山地区的标志性建筑，曾有民谣云："孤山另有天，圣水空中悬，魁星照北斗，地下通古泉，小伙赛相公，姑娘赛天仙。"可见魁星楼在孤山人们心目中的位置了。20世纪30年代初大汉奸李寿山退据孤山地区，为加强防御工事，他下令拆除作为大孤山六景之一的魁星楼，修建成炮台。昔日美景毁于一旦。

两分钟就能走到。我不时去那里听他们布道，和他们一起学习赞美诗，还参加了他们组织的救助生病教友的捐款活动；尼姑庵正在重修大雄宝殿，我和居士们一起拉过作台阶的石头，还和他们一起制作祭祀的表符……这些宗教场所里的负责人、管理人员和信众都很自然地成为我访谈和观察的对象。

妈祖信仰的信众主要以渔民、商人为主。孤山镇在一百年前曾经紧邻大海，但百年来沧海桑田，海岸线已经后退数公里。因此除了镇上的天后宫，海边及海岛上的渔民又各自在新海岸线附近修有祭拜妈祖的庙或宫。为了了解这些地方的妈祖信仰，我走访了临海村庄小岛村和孤山镇主要岛屿——獐岛、大鹿岛。在獐岛的妈祖庙，因为帮助庙里干活，被聘为庙里的临时工作人员，庙宇负责人甚至希望我以后来庙里上班；在小岛村访谈八十岁的老船长，听他讲述妈祖显灵的故事……遗憾的是，因为当地有"女人不能上船"的禁忌，没能实现和渔民一起出海、感受他们的海上生活的心愿。

孤山镇已于 2006 年 10 月 13 日被列为第一批辽宁省历史文化名镇。田野调查期间，孤山镇政府正积极筹备申报国家级历史文化名镇的工作。在张所文老师的引介下，我在政府办公室里和几位当地文化人士一起工作了两个星期，负责部分文字整理和电子资料的处理工作。两周时间里我收获颇丰，不仅借此机会对孤山镇的文化有了更全面和深入的了解，同时也获得了诸位老师慷慨赠与的大量未公开发表的当地文化资料（其中有珍贵的手抄本孤山镇民间"镇志"——《孤山镇镇情叙略长篇》）。工作结束后，孤山镇政府为我颁发了一张奖状，对我的义务劳动表示感谢和鼓励。

田野调查并不总是一帆风顺。在调查的各个环节，都会有这样那样的问题存在。造成这些问题的原因，一方面是因为自己社会经验有限，处理问题不够成熟；另一方面是因为外界各种因素。另外，在异地的长期调查，对我这样一个女性研究者来说，也是一种精神考验——尽管孤山人民对我十分友好（也曾遇到个别不怀好意之人），但毕竟无亲无故无组织，因此精神始终无法完全放松，身体状态起起伏伏（调查结束回京后，彻底放松的我很快就病倒了）。

时间匆匆过去，充实的田野调查很快就进行了三个月，时间已经到了2009年9月底。三个月间，在地方文化人士和民众的帮助下，我较深入地观察了孤山镇以妈祖文化为代表的地方信仰系统，收集了有关孤山妈祖文化的地方资料约30万字，地方书籍10本，地方志、碑刻等材料汇编若干，照片近千幅，录音材料约30小时。总的来说，成果较为丰硕。

五、整理材料、补充调查并撰写调查报告（2009.10.1—2010.4.15）

田野调查结束回京后，我向项目负责人白老师和导师祁老师做了汇报。身体恢复之后，开始一边对田野调查收集来的各类资料进行整理和归并，一边按照祁老师要求补充学习辽宁地区历史知识。祁老师重点推荐我看《辽海丛书》，以培养我阅读、利用历史文献资料的能力。对于我们这一代学生来说，阅读古籍是一项艰难的工作。经过一段时间的摸索和训练，对于不太生涩的历史材料，已能较为顺利地阅读和理解（当然阅读速度依然很慢）。

2010年1月起，我开始了调查报告的写作工作。至2009年6月，共整理、撰写材料8万多字，完成了一份孤山妈祖信仰调查报告，并作为讲习班项目的结题报告上交。报告得到了指导教师白振声老师的基本认可。

另外，2010年春节期间，我参观了沈阳天后宫遗址，并计划对一个著名的守庙人进行访谈，以补充沈阳地区妈祖信仰的有关资料。但因该守庙人家中发生变故,访谈时间较短,成果较为有限。

六、补充调查(2010.8.20—30)及论文写作(2010.9—2011.3)

2010年8月,我利用暑假时间再次来到辽东地区,补充调查该地的妈祖信仰资料。这次的调查点是大连市龙王塘村和庄河县石城岛乡——资料显示,这两个地方的妈祖民间祭祀(尤其是放海灯活动)比较活跃。

大连市龙王塘村是一个十分富足的临海村落。村委会负责人孔阿姨热情地接待了我。在村民组长王慧芳阿姨的引领下,我访谈了当地妈祖信俗的几个关键人物,其中包括扎船灯老艺人和在海上漂了六天五夜(130小时)而大难不死的虔诚妈祖信徒等(在后文中有这位信徒的口述故事)。在当地码头调查时,渔民们惊讶于我这个平原地区长大的外来者居然"挺明白"海边的生活。

在石城岛乡调查时,受到恶劣天气影响(2010年的夏天,辽宁省灾害天气不断,全省都笼罩在大雨、洪水的恐怖之中),陆岛之间的渡轮停止运营。为了不耽误调查时间,我乘坐"拉私活儿"的个体汽艇,在剧烈的海浪颠簸中登岛(至今心有余悸)。功夫不负有心人,在岛上我收集到了很多当地放海灯、船灯节等活动的信息和资料。

其后,便是汇总前期所有调查和学术思考后的学位论文的艰苦撰写。其中甘苦,自品自知。

在此论文撰写的过程中,我发表了一篇学术论文《从孤山妈祖信仰看神的再标准化》[①]。由于这篇论文的缘故,我有幸接到了

---

① 孙晓天、李晓非. 从孤山妈祖信仰看神的再标准化. 莆田学院学报. 2011(2).

妈祖祖庭所在地（福建省莆田市）举办的"2011海峡论坛——妈祖信俗学术研讨会"的会议邀请。这无疑是对我刚刚开始的妈祖研究的莫大认可和鼓励。如能成行，将能参与观察规模隆重的"妈祖回娘家"等仪式活动。我十分珍惜这次难得的机会，继续努力，百尺竿头，更进一步。

回顾整个调查和学习的过程，各种滋味涌上心头——是祁庆富老师、白振声老师、张所文老师和许多人无私的帮助，支撑我走完这一轮艰辛的学习旅程。走过了每一步以后，发现自己不断地前进，不断地成长，欣喜自心底而来。虽然现在的我仍然是稚嫩的学术后辈，但和两年多前的自己相比，已有初步进阶。希望在以后的时间里，能有机会继续向各位老师虚心学习，继续我的妈祖文化研究之旅。

第二节　辽宁省东港市概况

一、地理位置

东港市地处于中国万里海疆最北端，位于辽东半岛东端，丹东市西南部。它南临黄海，东依鸭绿江，隔江隔海与朝鲜半岛相望，"北、西北与凤城、岫岩县接壤，西与大连庄河县毗邻，地理坐标为东经123°22′—124°22′，北纬39°45′—40°15′。全境东西极长83公里，南北极宽38公里"①，陆域面积2478平方公里，海域面积3500平方公里，是我中国唯一的沿江、沿海、沿边城市。著名的香港《大公报》曾经以"天涯在海南，海角在东港"盛赞东港。

---

① 许敬文. 东沟县志. 沈阳：辽宁人民出版社，1996.3.

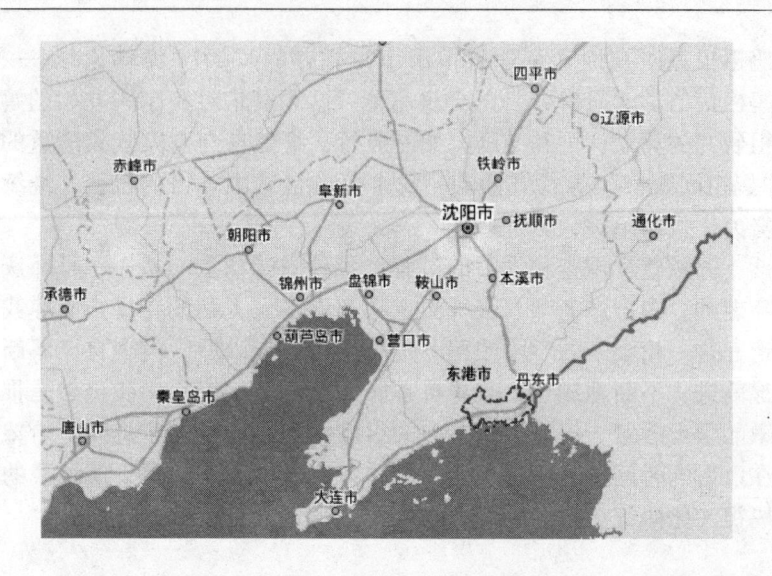

东港市位于黄海北岸的千山山脉东南边缘,地貌成因类型较多,形态复杂。有丘陵地貌、海岸线地貌及多种类型的微地貌①。地势北高南低,呈阶梯形,东、北、西三面向中南部倾斜。中部、南部为波状平原和沿海滩涂。中部平原地带海拔5~20米。鸭绿江至大洋河口为淤泥质海岸。海岸地带可分为江、海岸潮间带,沿鸭绿江岸线长29.5公里,沿黄海岸线巡航93.5公里。境内有大小河流213条,其中较大河流12条,这些河流由北向南注入黄海。全境概貌为"三山二水四分田,一分道路和庄园"。

---

① 微地貌(microrelief)是规模相对比较微小的地貌形态,亦是最小的地貌形态单元。如各种海成的波痕(纹)、潮水沟,各种风成沙丘上的波纹,河床上的各种沙波、风蚀壁龛上的石窝等。通过对微地貌的观测,可以进一步分析宏观地貌的形成过程。

二、历史沿革

东港市是辽宁省丹东市下辖的一个县级市，原为东沟县。东港市历史悠久，文化源远流长。据20世纪80年代初对前阳镇山城山"前阳人"古洞穴遗址及马家店镇三家子村后洼原始村落遗址的发掘，证明早在1.8万年前的旧石器晚期就有人类在此劳动、生息、繁衍，在迄今六七千年以前的新石器时代已形成氏族聚落。唐尧时期安东（今东港）县属青州，虞舜时属营州。战国时期属燕国辽东郡。西汉时属西安平县和武次县。唐时归安东都护府，五代后唐时属渤海国。辽初隶东平郡，后属东京道。金为婆速路。元时属婆娑府路。明时为宣城卫暨镇江堡地，属辽东都指挥使司定辽右卫。清天命六年（1621）属后金势力范围。清乾隆三十七年（1772）设岫岩厅后，安东境域为岫岩厅辖。清光绪二年（1876），清廷析大东沟以东至瑗河地设置安东县，隶属奉天府凤凰直隶厅。1907年安东县归奉天省东边兵备道辖。1909年东边道改为兴凤道，又属兴凤兵备道。民国十八年（1929）废道制后，属辽宁省辖。1932年2月，辽宁省复改奉天省，安东县隶属奉天省辖。1934年10月属安东省。1937年12月，设立安东市，从安东县析出。1949年4月，安东县属辽东省。1954年8月属辽宁省。1959年1月，实行市管县制，安东县隶属辽宁省安东市。1965年1月20日，经国务院批准安东市改为丹东市，安东县改为东沟县，东沟县归丹东市辖区。1993年6月18日，经国务院批准，撤销东沟县，设立东港市，为省辖县级市，由丹东市代管至今。①

---

① 此段主要参考：许敬文. 东沟县志. 沈阳：辽宁人民出版社，1996.3-4.

三、人口与民族状况

东港市,下辖16个乡镇、3街道办事处,5个农场,2个省级开发区。是以汉族为主的多民族聚居区。"清顺治十年(1653)清朝颁布《辽东招民开垦令》,关内汉民陆续进入安东境内垦殖。康熙二十六年(1687)清朝调拨大批满、蒙、锡伯、汉等族的八旗兵进驻安东地域屯田。同治十三年(1874)清朝宣布东边地带全部开禁后,关内流民纷纷涌入,人口逐年增多。"[1] 截止到2005年,全市总人口为64万人[2],少数民族6万余人,占总人口10%,属少数民族散居地区,有满、锡伯、朝鲜、蒙古、回、壮等15个少数民族。

四、自然资源

东港市依江邻海,全市有29.5公里的江岸线和93.5公里的海岸线,有广阔的海域和滩涂。境内水系发达,河网密布,水资源极为丰富,素有"北国江南"、"鱼米之乡"美称。

东港市资源比较丰富,拥有10米等深线以内的浅海面积106万亩,滩涂面积36万亩。海产品140多种,是中国虾、贝主要生产和出口基地之一,也是辽宁省重要的渔业生产基地之一。著名的鸭绿江口渔场、园山渔场就分布在东港市海域。

东港市淡水渔业资源也十分丰富。境内主要河流12条,大小水库42座,年径流量12亿立方米,可利用的淡水养殖面积近10万亩。拥有耕地120万亩,其中水田面积70万亩。粮食年产

---

[1] 许敬文.东沟县志.沈阳:辽宁人民出版社,1996.4.
[2] 辽宁年鉴.2005.辽宁人民政府网.http://www.ln.gov.cn/zjln/lnnj/2004/.

量 40 万吨，以水稻为主，是中国优质水稻的主要产区之一。

第三节　田野调查点概况

一、田野调查点——孤山镇

孤山镇位于辽宁省东港市境内西部，坐落在大孤山南麓，以山为名。地处辽宁省东港、庄河、凤城、岫岩四市（县）交界地带。孤山镇区南濒黄海，北倚大孤山，东邻大洋河入海口段，是倚山傍海、风景秀丽的名胜古镇。全镇呈扇形，"南北长 3.4 公里，东西宽 3 公里，占地面积为 10.2 平方公里"[①]。孤山镇总人口 66100 人[②]，有汉、满、蒙古、回、朝鲜、锡伯等多个民族，是东港市区域面积最大，人口第二的乡镇。

孤山镇以傍大孤山得名，为滨海古城。清光绪二年（1876），凤凰巡检司驻大孤山，归属岫岩。光绪三十二年（1906），隶属庄河厅。民国四年（1915）改设县佐。东北沦陷后，日伪当局设庄河县大孤山第六区公署大孤山街公所。1946 年 7 月，由庄河、岫岩、凤城、安东 4 县辖区内各划出部分区域成立孤山县。1948 年设孤山镇，1949 年撤销孤山县，孤山镇划归安东县。

孤山镇地处大洋河口，地势北高南低。大孤山主峰海拔为 337.3 米。大洋河入海口处西岸有孤山港，清末，商船可直抵魁星楼下，由于大洋河不断淤浅，今为渔港。

大孤山工商业发展较早。清光绪初年，孤山镇商业已显繁荣。往来于安东、大连、天津、烟台等地船只不断，输入麦粉、

[①] 孤山镇人民政府. 大孤山镇情叙略长篇（初稿）[M]. 卷一. 手抄本未出版. 2.
[②] 东港市政府网站 http://www.donggang.gov.cn 发布日期：2005 - 8 - 19.

豆油、糖类、布匹、石油等货物。输出大豆、粮谷、柞蚕茧、柞蚕丝等产品。商业店铺多达500余家。后来由于大洋河淤浅，加之安东、大连港口发展，孤山镇日渐衰落。民国十年（1921）有杂货铺、药铺、渔菜行、饭店等116家。东北沦陷后，由于日伪当局实行反动统治和掠夺式的"配给制"，多数商铺倒闭，至1940年，仅有商家30户。新中国成立后，工业逐步得到恢复。主要产品有丝绸、木工机床、阀门、农机配件、服装等。丹东丝绸五厂年产柞蚕58吨。外销日本、中国香港等地，内销东北、西北、华北等13个省市。

大孤山早在宋朝就有庙会，清乾隆年间的"娘娘庙会"尤盛。1981年始，县人民政府每年农历四月十八日于孤山脚下举办集文化活动和商品交易于一体的古庙物资交易大会（庙会）。庙会期间，游览观光和参加交易者10万余众，成交额达100多万元。①

孤山镇历史文化底蕴深厚，2008年被评为省级的"历史文化名镇"，目前正在积极申报国家级历史文化名镇。

二、实地调查点——獐岛

獐岛位于东港市北井子镇南黄海之中，是被誉为我国"万里北疆第一岛"。

岛呈马蹄状，东西走向，面积0.9平方公里，岛岸线4.88公里，周围有10余个礁石。岛民100多户，500多人。

现存獐岛妈祖庙位于獐岛宾馆西侧的仙山公园，系2003年夏天由信士李明辉、李明峰兄弟及社会各界捐助60万元复建。据"妈祖娘娘庙碑记"介绍如下：

---

① 此处内容散见于：许敬文. 东沟县志. 沈阳：辽宁人民出版社，1996. 125.

獐岛妈祖娘娘宫，原名妈祖庙，系唐代古刹，与大孤山古庙齐名，向为沿海渔民祈福求安之圣地，每年农历三月二十三日妈祖娘娘生辰，远有朝鲜、日本、东南亚等异邦人士，近有我华夏子孙，朝拜者甚众。可惜毁于十年浩劫，仅存基垣。

改革开放后，獐岛村民对复建妈祖娘娘庙呼声日甚，村委会即选址复建，村领导由能和、张忠有奔走四方，终得信士李明辉、李明峰捐资50万元，村民及各界人士资助10万元，由李氏兄弟组织能工巧匠复建。历经百日，塑娘娘、财神、龙王等诸神于庙中，再现妈祖娘娘诞辰之日香火缭绕、人声鼎沸、樯篷林立、烟波浩渺的旧时气象。①

目前，獐岛村每年都举行獐岛妈祖文化旅游节，并请专门的道士在庙上主持事务，已成为当地旅行的重要项目之一。

三、实地调查点——小岛村

小岛村位于辽宁省东港市菩萨庙镇的东南端，原来与陆地相隔，1959年由县政府组织兴建连接小岛的大堤，即长720米，宽8米的金坑大海堤。小岛村由大小14个岛屿和半岛组成，区域总面积5平方公里，是一个三面环海的小渔村。礁坨林立滩涂辽阔，渔产品丰富，是全国闻名的第十八渔区和水产养殖区。岛上现有4个村民组，478户，人口1798人。耕地面积380亩，虾池面积7800亩，近海滩涂面积13600亩，渔船92只。全村以捕捞和海水养殖为主，全村从事水产养殖业人员达300余人，兼顾发展旅游业。小岛村以其富庶在丹东地区远近闻名，2007年全村社会总收入达2.7亿元，集体经济收入300余万元，人均收入8800元。

---

① 碑记内容为笔者调查时在现场记录所得。

当地俗语说："龙王庙的葱，小岛的风，大孤山的姑娘赛妖精（长得漂亮）。"小岛村的独特地形，很适合风力发电。2000年3月28日，总投资2.1亿元的海风发电主体工程全部竣工，28座荷兰式风车，为古朴的小岛增添了些许异域风情。

小岛村的社会福利较好。据村委会鄢姓负责人介绍，村里每年有三四百万的收入。在教育方面，村里一次性投资20万元，改建了村小学校舍，更换了铝合金门窗，安装了暖气，配备了15台电脑，还聘请了英语教师开设英语课。村里花24万元购买了一辆黄海大客车，免费接送学生上下学。还制定了奖学金制度，"对考上大学的学生，每人每年奖励1000元，考上中专的奖励800元，考上高中的奖励500元"。[①] 全部免去小学生的学杂费及村民的自来水费和有线电视费等各项费用。在医疗方面，除了国家合作医疗报销百分之几外，剩下的村里全给报（销）。[②]

"对18周岁以上的残疾人，村里则每人每年补助500元。对年满66周岁的老人每人每年补助500元，对年满70岁的老人和曾为国防事业作出过贡献的老兵，每人每年补助1000元，对超过80岁的老人还将上调补助金。此外，村里还投入3万余元，建立了两处老年活动中心，购置了音响、电视机及各类棋牌等娱乐器材，使老年人的晚年生活充实快乐。"[③]

小岛村的圆山岛距陆地771米，面积70多亩。因为无论从哪方向看，都呈圆形而得名。岛上南面，有一海神娘娘庙，供有海神娘娘灵位，高约三尺，宽二尺。庙内有一木匾，至今保存完好，刻有"海神慈母"四字。为何题字是"慈母"而不是通常的

---

① 访谈时间为2009年9月18日。
② 同上。
③ 小岛村——黄海之滨奏响和谐乐章. 鸭绿江晚报. http://www.yljwb.cn/news/shxw/20060529081629.html

"妈祖娘娘"①或"海神娘娘",当地还有一个美好的传说(传说的具体内容将在本文第五章第六节"地域情境中的妈祖显灵故事及传说"中叙述)。岛上还有一眼清泉,当地人称作"天井",水质甘甜,一年四季不涸。小岛渔民逢出海归来,登岛必上香,从不间断。

本书实地调查点除了上述东港市的孤山镇、獐岛、小岛外,笔者还走访了大连市龙王塘村和石城岛乡,由于调查时间相对短暂,在此不再详细介绍。

---

① 正如本书绪论"相关概念界定"中提到的:这里的"妈",也不是妈妈而是奶奶之意。"妈"与"祖"连在一起称呼,是对年高德劭的女人的尊称。而圆山岛称妈祖为慈母,在妈祖的称谓中是有些与众不同。

第二章　妈祖信仰在辽宁地区的传播

本章主要探讨妈祖信仰在辽宁地区历史传播状况，包括传入时间、时空分布、传播的原因和条件，以及妈祖信仰在辽宁地区的宗教属性等问题。

第一节　妈祖信仰在国内外的传播

在讨论妈祖信仰在辽宁地区的传播之前，应该对妈祖信仰的整体传播状况有所交代。妈祖信仰的传播大体分为闽、潮汕和山东三大部分：闽部分的传播方向主要是闽浙及台湾地区；潮汕部分主要是向海外传播；山东部分则以显应宫为代表向环渤海及日本、韩国等东北亚地区传播。

一、在国内的传播

"妈祖从福建湄洲岛进驻大陆莆田、仙游等县后，并没有就此停步，她又向南北发展，其基本线路有两条：一条是沿海岸线向北传播；一条是沿水陆向南传播。"[①] 北路是指从福建以北地区逐渐发展到浙江、江苏、山东、河北、辽宁等省的沿海地区的传播路线。南路是指从福建到广东沿海等地区的传播路线。"奉祀

---

① 李露露. 妈祖神韵——从民女到海神 [M]. 北京：学苑出版社，2003. 163.

妈祖的宫庙,在我国沿海、沿江各省、市,以及内地除青海、新疆、西藏等三省、区以外的其他省份,历代先后都有创建。"① 据2001年《莆田市志》统计,国内各省市现有妈祖庙情况如下:

中国各省妈祖庙统计表②

北京 8 座	天津 21 座	辽宁 30 座	内蒙 1 座	河北 15 座
山东 37 座	江苏 74 座	上海 33 座	浙江 158 座	江西 3 座
安徽 1 座	湖南 1 座	四川 2 座	贵州 1 座	广西 38 座
广东 190 座	海南 41 座	福建 806 座	香港 56 座	澳门 3 座
台湾 827 座			中国总计:2346 座	

二、在国外的传播

妈祖庙的分布特点是多在航海港口地区,与海洋相依存。我国有漫长的海岸线,妈祖就随着其信仰者——使者、船工、渔户、商人、华侨漂洋过海,逐渐传播到异域他乡,使妈祖成为世界众多海神中占有重要地位的女神。

妈祖信仰在国外的传播,大体来说有两种途径:一种是通过册封等官方途径;一种是通过华侨、商人等民间途径。

妈祖在海外的传播以东渡日本时间为最早。日本是除我国以外妈祖信仰传播得最快、最广泛的国家,其妈祖信仰史从中国朝廷册封琉球时就已发端。与中国比邻的许多东南亚国家也信仰妈祖。明代郑和下西洋,依靠先进的航海技术和经济实力开辟了海上丝绸之路,同时也把妈祖信仰带到了东南亚地区。

---

① 张大任.从广东省妈祖宫资料看历史上闽粤关系——《妈祖宫集成》广东省部分.福建论坛(人文社会科学版),1996(5).

② 莆田市地方志编撰委员会编.莆田市志.北京:方志出版社,2001.2604.

日本、朝鲜以及东南亚诸国的妈祖庙,大多建于华侨的会馆内。这里既是祭祀妈祖的场所,又是华人、船工、海员、渔民们聚会的场所,是同乡会、同业会的组织所在地。妈祖信仰在海外的传播,既能反映我国古代航海贸易的踪迹,也能反映华侨在海外的分布。

妈祖信仰从明代开始传播到欧洲。从中国经南洋群岛、波斯湾至欧洲的航道,是将妈祖信仰传到西方的主要路线。从欧洲来到东半球的传教士、航海家目睹了东方世界的妈祖信仰,将其记载在教会经典和日记中保存至今。

1990年世界各地妈祖庙分布简表①

国名	妈祖庙数(座)	国名	妈祖庙数(座)	国名	妈祖庙数(座)
中国	2346	美国	4	印度	1
新加坡	50	泰国	3	朝鲜	1
印尼	40	越南	1	法国	1
马来西亚	35	柬埔寨	1	丹麦	1
日本	22	缅甸	1	巴西	1
菲律宾	10	文莱	1	阿根廷	1

第二节 妈祖信仰传入辽宁地区的时间

妈祖信仰最早何时传入辽东地区?传入地点及方式又是如何?这是一个需要弄清楚的问题。

妈祖信仰沿海路北上传播。妈祖信仰传播分为南北两个中心,南方以妈祖的故乡莆田湄洲岛为核心,北方则以长岛、蓬莱

---

① 莆田市地方志编撰委员会编.莆田市志.北京:中华书局.1994.982.

为核心向周围地区辐射。"山东半岛是南北海运的必经之途，山东自然成为妈祖信仰向北（京、津、冀、辽）和向东（高丽、日本）传播的一个重要中转站。"① 李献璋的《妈祖信仰研究》认为妈祖信仰传入山东的时间，大概是在元代延祐元年（1314）之前，妈祖信仰是经由海运传入山东的。② 闫化川也认为，妈祖信仰传入山东的时间是元代。

始建于1122年的山东长岛县庙岛显应宫（海神娘娘庙）是我国北方建造最早、影响较大的妈祖庙。山东长岛地处渤海湾与黄海之间，是南方商船从海上进入渤海湾的必经之地。在当时这也是距离辽宁海域最近的妈祖庙。旅顺口作为海上交通要道，历来是南北文化交杂之地。

旅顺天妃庙是现存东北地区有文字记载的最早的妈祖庙。该天妃庙始建年代不详，但据重修碑文记载，该庙明朝永乐四年重修，以当时建筑的平均寿命估算，此庙宇至少建于元朝。该庙现已无存，仅留残碑，碑记如下：

旅顺天妃庙记碑③
明 永乐六年（1408）

【碑阳】

碑额：天妃庙记

　　……西淮程樗撰　干越白圭篆额　番易何谦书」

　　□□□□□□□依者，人也，神而依人，则足以显其灵而扬

---

① 闫化川. 妈祖信仰的起源及其在山东地区传播史研究［D］.［博士学位论文］山东大学，2006.9

② 虽然闫化川博士考证后认为："妈祖信仰传入山东的时间，亦非李献璋先生所考之'在元代延祐元年之前'，而应是'在元代延祐元年之后'。"但对于推断妈祖信仰最早传入辽宁地区的时间影响不大。

③ 崔世浩. 旅顺天妃庙记碑. 辽宁碑刻［M］. 大连：大连出版社，2007.108.

其威。人之所以」□□□□□□而事神，则足以赖其休而蒙其福。夫以神之人，初未尝不」□依□相□也，使其相须而不相依，抑何足有以显其灵，而赖其福哉！此神」也之不可以无人，而人之不可以无神者，然也。金州之旅顺口，旧有」天妃圣母灵祠，岁久倾塌，不堪瞻仰。永乐丙戌春三月，」推诚宣力武臣保定侯，以巡边谒庙，睹其事，召其郡之耆旧，谓曰：」"天妃圣母，海道」敕封之灵神也，克庇于人，食民之祭，往昔然也。今之渡鲸波而历海道者，莫敢」不致祭，敬于祠下，咸蒙其佑。兹欲重新创造，汝辈其效勤焉。"众曰："诺"。于是各捐输金，鸠工抢材，兴工于永乐丙戌之二月二十六日，毕工于永乐丁亥」之八月十五日，殿堂无虎，黝恶丹艘，妆塑庙貌，奂然一新，岂意久稽殿享，致」形梦寐，有不可为言者乎？于是遣官进礼于祠下而立石焉。嗟夫！世谓神依」人而灵，人依神而立，是仰盖有由者矣，于此见五侯之心诚感孚，而神之所」以孚佑吾侯者，有不可为言者欤。于是乎，书。」

      永乐六年岁次戊子夏四月吉日」奉天靖难推诚
      宣力武臣特进荣禄大夫柱国保定侯孟善立石」

【碑阴】
  助福辽东都指挥徐刚 镌石匠邬福海 刘旺」
  立石定辽前卫千户叚诚 木匠张福 泥水匠赵牌
  提调百户闫安   塑匠祁 名 邓智」
  □□致仕千户郝方   画匠 夏叔良 杨春 胡善 王智」
  □□慧安

根据"天妃庙记"碑文记载,永乐三年(1405)①,保定侯孟善镇守辽东,巡边至旅顺口,拜谒天妃庙,见其"岁久倾塌,不堪瞻仰",遂倡议重修庙宇。于永乐四年(1406)二月兴工,永乐五年八月竣工,永乐六年(1408)四月立碑纪事。既然庙宇已经倾塌,至少要有百年以上的历史。可以推算天妃庙应始建于元代。碑文对天妃圣母保佑之功德大加盛赞,"赖其休而蒙其福"、"天妃圣母海道敕封之灵神也,克庇于人,食民之祭……今之渡鲸波而历海道者,莫敢不致祭,敬于祠下,咸蒙其佑。"碑文还强调了人神之间的关系,"此神也之不可以无人,而人之不可以无神者","神依人而灵,人依神而立"。孟善以辽东镇守总兵官、奉天靖难推诚宣力武臣、特进荣禄大夫、柱国、保定侯这样的身份修复天妃庙并立碑,足以说明天妃在当时官民心目中的地位崇高。

天妃庙记碑的碑阴所刻人名中既有政府官员,如辽东都指挥徐刚、辽前卫千户段诚、提调百户闫安(百户为正六品官)、千户郝方(千户为正五品官),也有参与修庙立碑的镌石匠、木匠、泥水匠、塑匠、画匠等平民。人名的排列没有完全按社会阶级进行划分,而是将社会地位低下的匠人姓名与社会地位很高的军事长官姓名并列一起,显示出天妃面前众生平等的含义。

目前,就掌握的材料看,直接论述或提及辽宁省最早的天后宫状况的研究成果有三篇:一为陈耀庭先生的《辽东地区妈祖庙初探》,认为明代辽东地区是否有妈祖庙还不能确定,"只有等待有新的史料发现,才可以断定十五世纪的辽东地区是否

---

① 碑文记载"孟善于永乐丙戌春三月,推诚宣力武臣保定侯,以巡边谒庙",大连史学家孙宝田研究认为"明永乐丙戌(永乐四年)"是碑文误记,应是乙酉年,即永乐三年(1405)。

确有妈祖庙"①；一为泉州海外交通史博物馆调查组所编的《天后史迹的初步调查》，认为"辽宁省天后宫最早为复县天后宫，建于明万历年间"②；一为秦岭的《大连地区的妈祖信仰》，认为"大连地区最早的天妃庙应建于元代"③。

《辽东地区妈祖庙初探》的作者认为明代辽东地区是否有妈祖庙尚不能确定，其依据主要是《大明一统志》和《辽东志》两本志书。文中说道：

> 天顺五年（1461）成书的《大明一统志》的〈辽东指挥使司卷中〉，记载寺观六座，祠庙三座，其中说到："天妃庙，在金州卫、旅顺口，海舟漕运，多泊庙下。正统间，命有司春秋致祭。又辽河东岸有庙"（大明一统志．卷二十五．15 册 52 页）……不过，由于《大明一统志》编写粗糙，错误较多，因此，学人多不以它为据。而从明代弘治元年（1488）编定、嘉靖十六年（1537）重修的《辽东志》来看，当时的辽东地区有佛教的寺庙，例如：天王寺、地藏寺、观音堂等；也有道教的宫观，例如：玄真观、通玄观等（辽东志．1912.66 - 70）。《辽东志》共记载辽东地区庙观 120 座，但是，其中并没有妈祖信仰的记载，也未见天后宫之类的庙宇。《大明一统志》和《辽东志》两书编定的时间相差不远，一书说有妈祖庙，还不止一座，一书却未记载有妈祖庙。孰是孰非，我们还只能等待有新材料发现，才可以断定明代 15 世纪期间辽东地区是否确有妈祖庙。

---

① 陈耀庭．辽东地区妈祖庙初探．妈祖信仰的发展与变迁：妈祖信仰与现代社会国际研讨会论文集［C］．林美容、张珣、蔡相辉主编．2003. 315.

② 泉州海外交通史博物馆调查组．天后史迹的初步调查．海交史研究．1987（1）．58.

③ 秦岭．大连地区的妈祖信仰［J］．戏剧丛刊．2009（1）．

该文作者认为,《辽东志》中没有妈祖庙的记载,而《大明一统志》虽有记载,但不足为信,因此得出明代辽东地区是否有妈祖庙尚不能确定的结论。事实上,由于《大明一统志》纂修的时间仓促,编撰人员多杂,书中存在错误较多,古今学者多有批评。该文作者没有完全以此为据,是可以理解的。但在辽宁各地的方志中,有多处材料可以证明明朝时期辽东地区的确存在妈祖庙。如《全辽志》中记载:"三官庙、天妃庙,以上二庙河口、海滨犹盛。"①《奉天通志》载:"(复县)天后宫,(所在地点)娘娘宫。明万历年建。"②《复县志略》对天后宫的情况进行了记录:"天后宫,所在地点:娘娘宫;建设朝代:明万历;官/公/私产:公;基址:一亩;改/存/废:存。"③并且在表头处对数据来源进行了说明:"复县祠庙建自明清者为多。产则公私参半。马兹就调查所得者列之。"④

"《辽东志》与《全辽志》是明代官修和现存最早的东北地区总志,也是今人研究明代辽东史事所应依据的首选和主要的历史文献。"⑤"总体来看,《全辽志》的史料信息要比《辽东志》丰富。《全辽志》不仅比《辽东志》多出嘉靖十六年至四十四年间的内容,而且对嘉靖十六年以前一些史实的记载也更为详尽。"⑥ 故

---

① (明)毕恭等纂修、李辅重修. 全辽志. 抄本. 卷四典礼志. 45.
② (民)翟文选、臧式毅修;王树楠、吴廷燮等纂. 奉天通志. 民国二十三年 (1934) 铅印本卷九十二. 建置六. 祠庙一. 六十七页.
③ (民)程廷恒修、张素纂. 复县志略. 民国九年 (1920) 石印本. (不分卷) 祠庙表. 第三页. 原文为表格形式,为了行文方便,在格式上略作修改.
④ (民)程廷恒修、张素纂. 复县志略. 民国九年 (1920) 石印本. (不分卷) 祠庙表. 第一页.
⑤ 郭培贵、刘琳琳. 明代《辽东志》与《全辽志》及其研究. 文化学刊. 2009 (5). 144.
⑥ 郭培贵、刘琳琳. 明代《辽东志》与《全辽志》及其研究. 文化学刊. 2009 (5). 145.

《全辽志》是较为可信的历史材料，其记载本书予以采信。《奉天通志》、《复县志略》对庙宇的记录较为周详，亦属可信。

综上所述，几方资料都可以证明，明代时期辽宁地区已有妈祖庙存在。1985年泉州海外交通史博物馆调查组撰文的《天后史迹的初步调查》，认为辽宁省天后宫最早为复县天后宫，建于明万历年间，应是以此为依据。

综上所述，就现有的材料推断，妈祖信仰最早在元代时期，通过海上通道，由山东传入旅顺地区，并随着海运和河运在辽东半岛和辽河流域传播开来。由此进一步的推断是，由于民间海上航行史和民间妈祖信仰史比官方记载的要更久远，而民间妈祖祭祀建筑多为简易建筑，不易留存，更无文字记载。所以，我们已经无法精确考证出妈祖信仰最早传入辽宁的确切时间和地点。但极有可能的是，妈祖信仰是在已知材料所能佐证的更早时间进入辽宁地区的。

第三节　辽宁地区妈祖信仰的时空分布

妈祖庙是妈祖信仰的载体，考察妈祖庙的地理分布可以推断妈祖信仰传播和发展的状况。依据明、清、民国时期辽宁方志中有关妈祖庙的记载，通过对妈祖庙地理分布的梳理，探寻妈祖信仰在辽宁地区的传播路径。

由于本书所采用的地方志大多是清代和民国时期的地方志，因此在介绍辽宁地区妈祖庙的地理分布之前，有必要对辽宁地区清代以来的政区沿革做简单交代。

清代辽宁地区的行政区可划分为两个阶段。第一阶段为1616—1907年，实行将军、副都统、驻防城三级制与府、县（州、厅）二级制并举。东北因系清王朝发祥地，故将盛京（今沈阳）作为留都，用盛京特别行政区统辖全东北。在辽宁地区实行了将军、副都统、驻防城三级制与府、县（州、厅）二级制两种不同性质行政机构并举的建置，前者是具有军事统治特点的建置，后者是具有民事统治特点的建置。

第二阶段为光绪三十三年（1907）直至清朝灭亡（1911），实行行省、道（府）、县（州、厅）三级制时期。此间，清政府颁行新的官制，设置了奉天行省。奉天行省治奉天，下设3道6府及若干州县厅。6府为奉天府（辖铁岭、承德、抚顺、开原4县及辽阳州）、锦州府（辖义州、宁远2州、绥中、锦县、广宁3县）、新民府（辖彰武、镇安县）、海龙府（辖西丰、东平、西安、柳河4县）、洮南府（辖县均在今吉林省）。昌图府（辖康平、怀德、奉化3县及辽源州）。六府之外，清政府又于光绪末年至宣统年间增置兴京府（辖通化、桓仁、临江、辑安4县）、朝阳府（辖建昌、阜新、建平3县）。3道为择巡道（治奉天）、海关道（治营口）、东边道（治凤凰城）。海关道下辖复州、营口2厅，盖平、海城2县。东边道下辖凤凰（属县安东）、兴京（属县桓仁）2厅，通化、临江、辑安、宽甸4县及岫岩州。1909年，又增置洮昌道，治昌图府辽源州，辖昌图、洮南2府。为了行文方便，本章收集的妈祖庙资料主要以此时的行政区划为标准。①

需要说明的是，由于妈祖信仰在北传的过程中，出现了与泰山娘娘（碧霞元君）、三霄娘娘等众多娘娘附会的现象，民众将众多女神统称为"娘娘"，从而使辽宁地区众多的娘娘庙、娘娘宫、碧霞元君庙难以区别②。如《钦定盛京通志》所载沈阳有

---

① 关于清代辽宁行政区划，主要参考：高德才．浅谈辽宁省行政区划的历史沿革［J］．沈阳师范学院学报（社科版）1996（1）．27－28．略作修改。

② 关于这个问题，将在本书第六章中具体论述。

"娘娘庙"、"娘娘宫"达17座之多。这给妈祖研究者带来极大的困扰。就辽宁地区来说,如果直接以"天妃"、"天后"命名的宫庙可以确定为是以供奉妈祖为主的庙宇,而若以"泰山娘娘庙"为名的宫庙,则应是供奉泰山女神的庙宇。如果该庙宇有更为详细资料的话,也可从一些旁证中得出其祭祀的主神是哪个娘娘的结论,如四月十八诞辰的或在庙宇中配以东岳大帝、玉皇大帝的必是碧霞元君,而三月二十三诞辰的是妈祖等。但也不能一概而论。众多的娘娘庙是否与妈祖有关,需要逐一进行实地调查予以核实,仅凭方志资料根本无法断定。将能够确定为妈祖祭祀场所的妈祖庙、天后宫、天妃宫、娘娘庙单列一表,而将暂时无法判定的娘娘庙、娘娘宫、碧霞元君庙再列一表,以示区分。

辽宁妈祖庙分布一览表

府	州县	数量	名称	地址及修建情况	资料出处
奉天府	奉天府（今沈阳市）	2	天后宫	一在地载关三皇庙西。乾隆年建,为闽江会馆。每岁阴历上巳重九为会期。 一在怀远关外,为山东会馆,每岁上巳七夕重九作会。	《奉天通志》卷九十二 建置六 祠庙一 二十三页 又见于《沈阳县志》卷十三·宗教 十页
奉天府	海城县	2	天后宫	一在城南门内迤西。正殿五楹。地楼三楹。东西配庑各五楹。戏楼三楹。耳房三楹。清乾隆初年,山东黄县同乡会捐资购地,建筑会馆,因祀海神娘娘,又称天后宫。会馆内设商会。 一在城西四十里牛庄,俗称北会馆。	《海城县志》卷三·坛庙 二十一、二十七页 又见《奉天通志》卷九十二 建置六 祠庙一 四十三页

续表

府	州县	数量	名称	地址及修建情况	资料出处
奉天府	海城县	1	天妃小姐庙	在城西四十里，牛庄城西关，俗称娘娘庙。考庙中碑碣曰：天妃小姐庙，清顺治二年建。时天妃小姐尚未晋封天后。俗称天妃为海神娘娘，故又曰娘娘庙。（后有天后简单介绍）	《海城县志》卷三·坛庙 二十四页
	盖平县（今营口市盖州市）	1	天后祠	在县治东南。正殿三楹。后殿五楹。耳房六楹。大门三楹。康熙五十五年重建。	《钦定盛京通志》九十七卷 祠祀一 二十页
		3	海神庙	城内海神庙有三：一曰福建会馆。在南门里偏西路北（嘉庆年间修建）。一曰三江会馆，在县署前街北（清代修建）。一曰山东会馆，在北马道偏东路北（清代修建）。	《盖平县志》：卷二·建置·祠宇·七页
	复州（今大连市瓦房店市）	1	天后庙	在城西南四十里。正殿三楹。大门三楹。	《钦定盛京通志》九十七卷 祠祀一 二十九页
		1	天后宫	（复县）天后宫，（所在地点）娘娘宫。明万历年建。	奉天通志·九十二·建置六·祠庙一·六十七页

续表

府	州县	数量	名称	地址及修建情况	资料出处
	金州厅	1	天妃庙	兴工于永乐丙戌（1406年）之二月二十六日，毕工于永乐丁亥（1408年）之八月十五日。	《旅顺天妃庙记碑》碑文。现藏于抚顺博物馆
锦州府	锦县（今辽宁省锦州市）	1	天后祠	在城内白塔后。正殿五楹。配庑十九楹。大门三楹。	《钦定盛京通志》九十八卷 祠祀二 二页 又见《奉天通志》九十三卷 建置七 祠庙二 锦县七页
		1	天后宫	在城西街，大广济寺右。正殿七楹。东西庑各三楹。东西耳房各二楹。中门五楹。西廊七楹。正门三楹。戏楼一座。东西碑亭各一座。东西外门各一楹。清雍正三年建修，乾隆二十八年重修，嘉庆二年又重修。六年工竣。有碑记其事。	《锦县志略》卷四 建置下祠祀 二十一页
	宁远州（今葫芦岛市兴城市）	1	天后宫	在八区钓鱼台村，海口山上。县城东南二十里。创建年月无考。清光绪二十三年重修。	奉天通志·九十二·建置七·祠庙二·三十三页
兴京府	桓仁县	1	天后宫		《桓仁史话》170-172页

续表

府	州县	数量	名称	地址及修建情况	资料出处
凤凰直隶厅	凤凰县（今丹东市凤城市）	1	天后宫	在元宝山前。清光绪二年建。	奉天通志．九十四卷．建置八．祠庙三．二页
	安东县	1	天后宫	在北甸子东首。清光绪十二年建。	奉天通志．九十四卷．建置八．祠庙三．五页
	岫岩州	2	天后宫	西山。山东客商建修。三区红旗沟。清乾隆年修。	奉天通志．九十四卷．建置八．祠庙三．八页、九页
	岫岩州	1	天后宫	在城内西街。清雍正三年建修，乾隆二十八年重修，嘉庆二年又重修，六年工竣。	奉天通志．九十二．建置六．祠庙二．九页
庄河直隶厅	宽甸县				
	今大连市庄河市	1	天后宫	在本城下街。乾隆三十九年建祀。天后圣母。主持僧一。今中学校在焉。	《庄河县志》卷二．古迹．庙宇
	今丹东市东港市	1	天后宫	城东大孤山。光绪十四年建祀。海神娘娘。住持道士一。庙内有木质轮船多艘，系乙未年日军敬送悬挂。	《庄河县志》卷二．古迹．庙宇．四页

续表

府	州县	数量	名称	地址及修建情况	资料出处
庄河直隶厅	石城岛（今属大连市庄河市）	1	海丰寺	明天启年间为避航海凶险，岛民集力建庙，以求天后庇护。后经历代重修，惜毁于二十世纪六十年代。（2006年复建。）	石城岛《海丰寺重修碑记》
营口直隶厅	营口县（今营口市）	1	天后宫	在阜内西大街。雍正四年建设。县志载以四月二十八为致祭之期。	奉天通志·九十二·建置六·祠庙一·七十三页

上述统计中，可以确信在清朝时期在今辽宁省疆域内至少曾有25座妈祖庙。但是，可以肯定地认为，辽宁地区历史上实际存在的妈祖庙会比目前的统计数目多出许多，原因有三：一是由于北方"娘娘"信仰混淆的问题，命名为娘娘庙或娘娘宫的，暂时都没有列入之内，但其中应有祭祀妈祖的庙宇。二是部分妈祖庙不见记载，无史可稽，比如调查的孤山镇小岛村的圆山岛上，存有一古代建造的海神娘娘庙，庙内有一木匾，至今保存完好，刻有"海神慈母"四字。类似的小庙基本无史料记载。三是，由于辽宁地区妈祖研究还不够深入，许多资料、遗迹尚待研究。据此，我们可以肯定地推断，明清时期辽宁地区的妈祖庙数量远超过所统计的数据。

第四节　辽宁地区具有代表性的妈祖庙

一、沈阳

（一）闽江会馆天后宫

据《奉天通志》记载，沈阳曾有两座天后宫，"一在地载关三皇庙西。乾隆年建，为闽江会馆。每岁阴历上巳重九为会期。一在怀远关外，为山东会馆，每岁上巳七夕重九作会"。① 又据《沈阳市志》（卷十六宗教）记载："首都宫观天后宫，创建于清乾隆四十七年（1782），位于大东区小北街，创建人为闽人，住持周宗岐，其用途为伙居道，居此住用。"

沈阳并不是沿海城市，但浑河早年水运发达，可以直通营口入海。清朝乾隆年间，陪都盛京（今沈阳）商贾行市兴盛，关内南方各省的生意人纷纷奔赴东北经商，把南方的丝绸、水果、海鲜与东北的人参、鹿茸、皮毛、蘑菇通过海陆渠道交易。当时有一些福建、江浙籍的客商经常往来此地。其中有一个叫陈应龙的福建人多次经商失败，遂发愿斥巨资在沈阳捐建一座天后宫礼事，祈求过海往来平安。果然，天后宫建成后不久，陈应龙一直生意兴隆，财运亨通。

据记载，沈阳闽江会馆天后宫规模宏大，占地万余平方米，建筑壮观，风格独特，四周砌有很高的青砖围墙，其他庙宇无法比拟。刘世英所著《陪都纪略》中有诗赞叹："闽江会馆，工程不凡，开庙之日，重九重三。"在山门前竖有两根高大的旗杆，

---

① 奉天通志．（民）翟文选，臧式毅修；王树楠，吴廷燮等纂民国二十三年（1934 年）修．卷九十二　建置六　祠庙一　二十二页．

图 2-1 历史上的沈阳天后宫[①]

门两侧有雄伟的石狮子一对。山门向南，雕梁画栋，五彩缤纷，两旁挂有"江南归雨，塞北停云"的楹联。在宫檐两侧塑有排成竖列的望天狗，其状栩栩如生。山门后面，筑有朝北的戏台。每年庙会期间，会馆都要请戏班子在此会堂演戏，还要大摆宴席三日。东西配殿各三间，正殿五间。后面有一栋五间二层小楼，称寝宫，是天后宫的主祭神——海神天后娘娘"寝息"的地方。天后宫的各殿堂内，塑满了各式天后娘娘的偶像：有古代女神、碧霞元君（天仙圣母）、天后圣母、王母娘娘、观音娘娘、授儿娘娘、治病娘娘、歪理娘娘等。天后宫的山门西面是一片空地，为

---

① 图片来自：辽宁档案信息网 http://www.lndangan.gov.cn 登录时间 2011-2-28。

图 2-2　沈阳市天后宫路

栽树种花之处，西北面还有一个很大的水池。山门东部有个较大的便门，通往殿堂。再向北走有三开间的大屋，是会馆办公址（即原三皇庙址）。闽江同乡会馆，每年都举办庙会，庙会日期是旧历三月二十三。庙会期间，信仰者进殿焚香跪拜，祈愿长生不老，四时吉庆；家业隆盛；子孙繁昌，早日缘结，消灾除病；分娩安产……①

---

① 此处材料主要参考：胡乔. 沈阳天后宫. 大东文史资料·第一辑［M］. 1987.10. 106-107.

图2-3 现存的沈阳天后宫山墙遗址②

1900年,盛京(沈阳)义和团兴起时,曾以天后宫为营地,设坛驻扎演练。光绪末年,天后宫因遭火灾烧毁。沈阳解放初期,仍有其残址。1957年,沈阳市有关部门在规划全市街、路地名时,即以清代此地曾建有一座天后宫,命名为天后宫路且沿用至今。今天的沈阳二十六中学,即为原天后宫遗址。

说起沈阳天后宫,还有一位必须提到的老人——原天后宫住持的后人周蕴璞老先生。他对沈阳天后宫有着非同寻常的感情。从曾祖父周宗岐开始,周家几代人都守护着天后宫。周蕴璞和家人至今还居住在天后宫遗址后边的低矮的民居,不愿搬离。每当与人谈及天后宫,老人常常老泪纵横。老人手中还收藏有一张澳

---

① 图片来源:东北新闻网http://www.nen.com.cn/77968568548851712/20030826/1202821.shtml。

门友人赠与的天后宫老照片。关于周家几代人与天后宫的渊源故事，将在第五章"妈祖信俗的地方特色"中具体讲述。

（二）山东会馆天后宫

昔日沈阳在怀远关外（今沈河区大西边门外十三纬路）还有个天后宫，为山东会馆所建，人们习称它为山东庙。道光十三年（1833），在沈阳的山东商人集资修建了这座天后宫。宫内有大殿五楹，供妈祖娘娘，前殿供奉观世音菩萨和八仙。院内还修建有同乡会馆，周济在沈阳无处落脚的山东同乡。为了使在沈阳去世的山东人的灵柩有停放之处，又修建了慈惠堂（俗称灵堂子）。新中国成立前，山东会馆每年的三月初三（上巳）、七夕、重九作会。山东会馆大门上有蓬莱赵晖吉的题联："山镇青齐，奄有大东；会我同人，于此假馆。"上下联首尾恰可联成"山东会馆"四字。山东庙于1950年被雷火焚毁，后改建为小学校。现在在沈阳北塔碑林收藏一块山东庙告示牌，记载咸丰二年（1853年）山东庙僧人普曜、普瑞不守清规宿娼聚赌，典当庙产，经礼部查明真相后，各杖八十大板，勒令还俗的故事。

山东会馆现已不存，但会馆遗址仍有迹可寻。沈阳至今仍留有山东庙巷的街道地名，会馆旧址所在区域现称为山东庙社区。

二、葫芦岛

在葫芦岛市兴城市（县级市）尚存一座天后宫，史称"关外第一天后宫"。《奉天通志》载："天后宫，在八区钓鱼台村，海口山上。县城东南二十里。创建年月无考。清光绪二十三年重修。"[1]

---

[1] （民）翟文选，臧式毅修；王树楠，吴廷燮等纂. 奉天通志. 九十二卷. 建置七. 祠庙二. 三十三页. 民国二十三年（1934）修.

兴城海口在清代曾是北方的小型通商口岸。兴城天后宫位于海滨，面临大海，正向朝东。除两厢禅房为前廊式平房外，均为青砖硬山式小木架结构。除南厢房外，基本保留着原貌，尚成格局。正殿前后有古老杏树和榆树遮掩，与院内山门里的翠柏相对映。这座天后宫虽规模不大，但正殿中尚存两幅各十平方米的彩色壁画，部分仍清晰可见，尤以南房山内壁的一幅纪实风物彩画最有特色，其上画着以此"天后宫"为中心的当年海滨面貌：庙前海商云集，舟帆林立，贸易繁荣，车水马龙，人群忙碌，热闹非凡。从这幅写实的壁画中可追见在清朝道光至光绪年间，兴城海滨兴旺发达繁荣昌盛的景象。①

三、锦州

锦州据记载曾有两座天后宫，现存其一。据《锦县志略》②载："天后宫，在城西街，大广济寺右。正殿七楹。东西庑各三楹。东西耳房各二楹。中门五楹。西廊七楹。正门三楹。戏楼一座。东西碑亭各一座。东西外门各一楹。清雍正三年建修，乾隆二十八年重修，嘉庆二年又重修。六年工竣。有碑记其事。"另外一座据《钦定盛京通志》③载："天后祠，在城内白塔后。正殿五楹。配庑十九楹。大门三楹。"这里主要介绍现存城西天

---

① 此段主要参考：戴元立．兴城海口天后宫．兴城文史资料选辑·第3辑．1987. 67 – 68．文字略作修改．

② （民）王文藻，陆善格，朱显廷纂．锦县志略．卷四．建置下．祠祀．二十一页．民国九年（1920）本．

③ （清）阿桂等修；（清）刘谨之，（清）程维岳纂．钦定盛京通志．九十八卷．祠祀二．二页．民国六年（1917）．铅印本．又见：奉天通志．（民）翟文选、臧式毅修；王树楠，吴廷燮等纂．九十三卷．建置七．祠庙二．锦县七页．民国二十三年（1934）修．

后宫。

锦州城西天后宫又称"娘娘官",坐落于广济寺塔北侧,始建于清雍正三年(1725年),嘉庆六年(1801)重修,现存大殿为同治年间建筑,是江浙福建等地客商所建。天后宫坐北朝南,为四合式二进院,由山门、山门左右碑亭、一进院东西配殿、二门、二进院东西配殿和天后宫大殿组成。大殿的面阔(长度)为七间(22米),进深4间,而北方其他妈祖庙多为三间、五间。大殿内供奉妈祖神像,两边供有东南西北四海龙王。在大殿屋檐下雕如"卧冰求鲤"、"卖身葬父"等24个孝敬老人的故事的《二十四孝图》。该庙目前为锦州市历史博物馆所在地。

相传大广济寺西曾有一小茅庵,建于何时无从考证。里面供奉一尊女像称她为"天河娘娘",大旱之年人们向她求雨,洪涝之年人们向她求安,凡遇天灾人祸人们常来祈祷。这座小庙几经风雨几经修补历经沧桑始终屹立在大广济寺北面。并由得诗:

天河有源在九天,
后有苍海水无边。
行船万里佑生足,
宫阙肇建有仙缘。

雍正三年(1725年),李少尧在其好友李启光帮助下,出巨资买下原小茅庵地基开始肇建天后行宫。定庙名为天后行宫,建在大广济寺西小茅第庵旧址。最初规模:山门三楹,正殿三楹、配殿四楹。正殿塑"天后娘娘"。并在古塔下建一土台子为戏台。请锦州府王明观撰写了《天后行宫碑》,其碑文叙述李公肇建天后行宫始末。"[①] 后经多次修葺,现存天后宫的全部建筑均为光绪

---

① 李树基. 锦州天后宫. 锦州文史资料·第六辑 [M]. 1985. 10. 151.

十年（1884年）重修。嘉庆十年（1805年），江浙闽众商捐助天后宫一口铜钟，钟顶端浇铸凸起之双龙戏珠悬纽，上有"锦州天后行宫………姑苏甘天受铸造……等字。此钟现存于天后行宫院内。光绪三十年（1904年），江浙闽富商三十七人捐助一座铁鼎，高一丈八尺，为辽西最大的铁鼎，可惜在十年浩劫中被捣毁。每逢旧历三月二十三天后诞辰，天后宫举行例行庙会。此庙会为锦州地区最大的庙会，也是嘉庆、道光时期锦州府最大的农商市场。庙会期间，三江会馆出巨资请梨园演戏酬神，开宴数日敬天地。此外，据《锦县志略》记载："（七）月下旬，天后宫建盂兰盆会，大月至二十四日起，小月自二十三日起，至晦日止。僧众诵经，七昼夜，诣凌河放灯。"[①]

锦州过去有"八景八奇"之说，"有庙无僧"便是八奇之一。因为天后宫从原来的小茅庵到天后行宫的肇建，数百年间没有一僧一尼，祭典之事由广济寺住持代管。锦州天后宫是名冠辽西驰名江浙的海神大庙，曾引无数文人墨客官宦隐逸来锦，游访览胜。许多清代名人都留有遗墨。其中有王尔烈行书"神佐三江"、左宝贵的楷书"百舸太平"、李鸿章的巨幅长联："俎豆重辽西，舞德颂功，鸾凤恍从天际下、歌播如山海，扬帆鼓掉，轴舻如在镜中行"。可惜这些墨宝在硝烟战火中所剩无几。

天后宫尚存文物有："嘉庆十年（1805）江浙福建众商捐献铜钟一口、乾隆二十八年《永久千秋》匾、《安澜海神天妃碑》、嘉庆六年《光景常新》匾、嘉庆七年《天后宫捐修费碑记》、嘉庆九年《天后宫碑记》等碑刻。"[②]

---

① （民）王文藻，陆善格，朱显廷纂. 锦县志略. 民国九年（1920）本. 卷十七. 礼俗. 三页
② 泉州海外交通史博物馆调查组. 天后史迹的初步调查. 海交史研究. 1987（1）.59.

安澜海神天妃碑（辽宁锦州）

盖闻功铸史，而仅重一时；德而歌民，而惟徵片壤。

虽称神而志赫，毋论被泽者鲜，即建宫造宇，惟诚崇祀，其馨香亦暂而弗广。若天后之功德，猕沦宇宙、洋溢江淮，诚有无远不届，历世维新者焉。而在东海之商艘、西洋之贾舶与凡贸迁水利间者，其蒙庥为尤渥。是以会馆之兴、在所必有。矧锦州愿五方杂处之西，亦川源所相疏，鼓枻飞樯，经营其地者多旅，惟江浙、福建两邦，颇称盛焉。闲尝与同人览其山川风土，而思烟火亿家，百货丛生，澳尾泽头，舳舻如栉，高桥续前，长河环后。上达蚁屯托，而近凉水沙河，波光浩渺，鲸鲵出没，蛟蟥变幻，一帆直抵，安澜不惊，怒涛震浪中皆可凭依。而履险如夷，非藉弘慈呵护，能致此哉？此会馆之建，为报后计者。为报矿计者又焉可少。后诞自宋，隶乎闽，出莆之湄洲林氏。相传救父救兄，青闺涉淑媛，孝诚格天。自宋以来，神通历著，普天之熙熙攘攘者视若孙曾，俗以妈祖呼，随声响应，如枪应鼓，护国佑民，累朝加褒。兹逢皇朝声教四讫，崇德报功，屡敕地方官致祭，春秋编祀与岳渎埒，盛典也。下逮蒸黎，酬报神灵，且遍寰中。今同人展诚醵金，度土造宫，高垣峻宇，绮阁重楼，雕梁接汉，画槛披云，鸟革翬飞，坚实工致，堂楹有制，门庑有规，巍峨炳焕之势，甲于一方。鸠工庀材，稍费累巨万。虽基于雍正乙巳，实成于乾隆辛巳，历三纪。而敬神祝圣之所，寿千秋焉。岁癸未春，从同人瞻拜之余，见夫庙貌聿新，规模整肃，不为之志厥本来，而后之功德所以庇江浙、福建之士与福建之士图所以报后者，又谁知为千秋之盛事也？因考觅其兴建年月及神宫之创制，基址之深广，银漕册额，刊之碑石，以垂久远云耳。乾隆二十八年江浙、福建两帮同撰。①

---

① 蒋维锬编校．妈祖文献资料．福州：福建人民出版社，1990.248－249.

四、营口

营口是东北地区最早开放的港口。据清雍正四年（1726）天后宫《重建碑文》记载："没沟营（当时营口称为没沟营）——通郡渡津，舳舻云集，日以千计。"这说明在清雍正四年间，营口早已是远近闻名的水陆商埠。营口历史上曾存在四座妈祖庙，《盖平县志》①载"城内海神庙有三：一曰福建会馆。在南门里偏西路北（嘉庆年间修建）。一曰三江会馆，在县署前街北。一曰山东会馆，在北马道偏东路北。"另外一座就是现存的营口天后宫。

营口天后宫，全称为天后行宫，因该庙坐落在埠内西部，建筑面积宽阔，故人们习惯称之为"西大庙"，称呼流传至今。该庙建于清雍正四年（1726），系南方航海而来的客帮和本埠药材业主出资兴建，为营口现今已知庙宇中最古老者。1930年，庙院住持莱山禅师募化重修天后宫。"庙宇布局严整，坐北朝南，四周围环抱，前有山门和两座角门，门里有钟鼓二楼。院内大殿三座，一字并排。正中主殿主祀海神娘娘（即天后），左陪殿主祀药王，右陪殿主祀龙王。院心有铁铸三足宝鼎一只，终年香火不断。宝鼎附近，碑石林立，各具碑文。左殿殿旁有小庙一座，庙门长年落锁，上悬蓝地金字匾一块，书'大德曰生'，内祀何神不得而知。庙外，东有跨院，是住持黄衣僧所居禅舍；西有财神阁，匾书：'天医晋财'。"②庙前广场开阔，南面建有天后宫戏

---

① （民）石秀峰，辛广瑞修；王郁云纂. 盖平县志. 卷二. 建置. 祠宇. 七页. 民国十九年（1930）修.

② 闻石. 营口庙宇散记（之一）——天后行宫. 营口文史资料·第四辑[M]. 1986. 96–97.

楼，坐南朝北，对着山门。戏楼为歇山式方形，底座系花岗岩长石砌成，基石上竖有朱红木柱四根，支撑斗拱飞檐，屋顶覆仿汉青瓦。每年农历四月二十八日为祭日，酬神唱戏五天。东面牌坊，石碑林立，各俱碑文，如有清光绪十年（1884）立的"整顿船捐碑"和民国七年立的"营复两县粪人颂德碑"等。

原有的天后宫在20世纪60年代经道路改建和其他原因已面目全非，唯有海神娘娘殿和药王殿、龙王殿幸存。现存的建筑是90年代末期将庙址整体后移后重新修建的。如今原天后宫已成为集贸市场，仅剩遗迹被定为市级文物保护单位。

五、大连

大连位处辽东半岛，海岸线漫长，为东北地区妈祖文化重镇，历来对妈祖崇拜有加。大连在历史上曾存有多座妈祖庙。

（一）大连市区天后宫

大连市区天后宫，俗称"西岗大庙"，始建于清光绪三十四年（1908），是大连首屈一指的大庙宇。

据记载，庙前场地有旗杆两根。西旗杆曾遭雷火，后重新树立。每逢节日或作道场，旗杆上都有幡幢飘扬。山门之东为鼓楼，西为钟楼，皆两层，置钟鼓于楼上。钟鼓楼之东西还有看台各三间。院内正对着小门有影壁一座；影壁的两旁有小型石雕狮子一对。东有水井一眼。圣母殿前院正中央距影壁约20米处基地高筑，上建天后圣母殿，为庙宇的主体。圣母殿之前有东西两座焚纸香炉。再前有碑两块：东碑记建庙经过，西碑刻记捐款者姓名。后院，其正中有关帝殿三楹。西厢三间供龙王，东厢三间亦为神殿。

清光绪（1875—1908）年间，大连华商公议会负责人刘肇亿、郭学纯偕同公议会董事多人倡议修建庙宇。

图2-4 历史上的大连天后宫（图片来源于网络）

"筹款之初自愿捐献者并不多，仅有顺发栈、福顺栈、政记公司、天兴福和泰东当几家大商号认了一些。加上零星的布施、捐助凑得现洋12610元。这笔款子当然还远远不够建庙开销。这时恰好刘肇亿办的宏济彩票公司赚了大钱，被取缔；要把全部利润上缴殖民地当局财政部门。刘提出了申请，乞求从赢余中拨出一部分作为修庙的捐助。得到拨回43492元。至此计得基建经费共56102元。"①

天后宫于光绪三十四年三月正式开工，由华商公议会委派张守一为监工。庙宇的设计完全按照传统的庙宇营造法式，分前院、后院及东院三部分，同年秋季全部竣工。天后宫院内的石碑

---

① 尚允川. 大连天后宫. 王元良、曲本德、杨丽春. 西岗区文史资料第3辑. 1991. 57-58.

立于1916年，记载庙宇修建的经过。碑末署名：公议会总理刘肇亿、协理郭学纯、监工张守一、撰文张肇基、"住持"周诚意。

每年农历三月二十三海神娘娘生日（圣母诞日），天后宫会大办庙会，在天后宫山门前的空场上高搭席棚为舞台，演戏酬神3天。农历七月十五还会举办"盂兰盆会"，办道场。有斋僧、拜忏、放焰火等活动，为死者超度亡魂。

最后一届当家的道士名王心一（一说名心印），辽宁金县人，据说曾留学日本。此人身材高大，平时道冠法衣，胸佩"卍"字，被称为"王老善人"。他曾从山东请来一位被称作"仙姑"的女巫，问卜医病，降神扶乩，一时门庭若市，远近闻名。

新中国成立后，天后宫历经沧桑。大庙最后的主人是1978年搬迁至此的大连市家用电器七厂。2006年11月，东关大庙永远消失。

大连天后宫重修碑[①]
民国五年（1916）

【碑文】

　　大连巨埠也；群峰环诸南，溟海潆于东北，为船舶往来之门户。西望则铁轨砥平，鸳瓦鳞次。相其地势，静镇不忧。有殿宇巍峨，金碧辉煌，耸然屹立于冈岭之上者，天后宫也。盖斯宫经始于戊申之季春，落成于是年之新秋。维时商埠甫辟，商贾晨星。兴浩工乏巨款，何以措置而裕如？讵知有非常之事必有非常之人。其人伊谁？公议会总理刘君肇亿、协理郭君学纯也，胸有成算，事先预计当募集绅商捐资之前，曾立一宏济彩票局，抽余款筹办善堂、病院、义地诸善事。建修庙宇特其一端耳。举凡通都市镇，无不以神道设教；至帆船停泊之港岸，尤首尊天后。若

[①] 崔世浩. 旅顺天妃庙记碑. 辽宁碑刻. 大连：大连出版社，2007. 256.

权司天库,克开福禄之门,位正离宫,丕著文明之象。霖雨时润,群乐岁平;宝筏高悬,同登道岸,以及忠义昭著;声灵赫濯之关帝,尤为人所钦崇敬焉。依次列座,雕绘精细,美矣备矣。功既成而蕆乃事矣。宫之东别修一座聚仙宫,亦同时告竣。惟其象教攸昭,遂使神感共仰。此皆赖诸会董募捐款、督工役,惨淡经营,始克臻完善。然创建匪易,承守尤难。倘积立无金,纵住持勤俭,一经风霜屡剥,恐庄严之庙貌难以整旧而常新。乃有郭会长学纯于宏济彩票局解散,向官署请拨余金三千元。自此庙置恒产,岁有常饷;山河并寿,日月齐光。庶几,刻桷丹盈,常焕壮丽之异彩;晨钟暮鼓,永传悠扬之远音。热心毅力,香火供奉尊神也,亦所以重祀典也。镌诸贞珉,源源勿替焉。

公议会　总协理　　刘肇亿　郭学纯
监　　工　　　　张守一
山　东　芝　罘　　张肇基　撰文并书
中华民国五年丙辰三月十五日立

(二)大连市庄河青堆子镇天后宫

庄河青堆子镇天后宫建于清乾隆八年(1744),据《庄河县志》记载:"清乾隆八年(1744)当地商船海上遇难得救,故建庙于此。"南距黄海仅1公里。又据天后宫下院建于民国十年的石碑(现尚在)所载:"乾隆八年而海运无阻,商业发达,多蒙圣母默护之力……修天后宫,"后因"工程简陋,历年既久,风侵雨蚀,""而各商户引为公耻毅然复兴倾囊集款于同治年间重整而增修之。"1947年庄河二次解放后,庙中既无香火,也无僧尼。解放初年,原天后宫曾作为教室供学生读书。"文化大革命"时期,天后宫尚有轮廓可辨,在一段时期还被派出所占用,并在其遗址之上修建起民居。

1987年4月26日,在原天后宫的住户尚未搬迁的情况下,释传性住持引领传广、传正、传净、安湛四位在"文化大革命"前已削发为比丘尼的佛门弟子，住进天后宫前院的一处低矮的小房内。1987年6月初，青堆镇政府拨款600元人民币支援寺院重建。传性、传广拿出了3万元积蓄投入寺院重建工程。此间，原"天后宫"正殿和东西厢房的住户相继搬迁，为重建寺院腾出了场地。入冬前建成了正殿和天王殿。1988年3月，正殿和天王殿的墙皮涂上了白灰。接着寺里出资6000元人民币塑造了正殿的五尊佛像（释迦牟尼佛、药师佛、南无阿弥陀佛、观世音菩萨、地藏王菩萨），十八尊罗汉像，天王殿的四大金刚、韦驮菩萨、弥勒菩萨6尊佛像。又出资2000元雇画工绘制了墙皮图像。1989年春，寺里出资2万元建西方三圣殿，秋天又建成了千手千眼观音菩萨殿。1990年9月寺里出资2万元（其中有居士赞助1.6万元）举行了大雄宝殿和天王殿的开光大典。后来，又花费数千元修建了海神娘娘殿（前殿东头）和龙王殿（前殿西头）。1991年春寺里出资7000元塑造了东殿（千手千眼观音菩萨殿）、西殿（西方三圣殿），海神娘娘殿、龙王殿的佛（神）像。1992—1993年先后建了宿舍、客厅、万丈寮等。1994年出资54500元买下7间修建在原寺庙遗址上的民房，拆后建成了藏经楼及钟鼓楼等。复建寺院的资金大部分来自传性、传广的积蓄和传正、传净、安湛的积蓄资助，以及政府支援和社会赞助，2002年该天后宫被列为大连第一批重点保护建筑。

新天后宫又叫普化寺，当地称下庙，建于原天后宫（当地称上庙，也称海神娘娘庙）旧址之上。2006年投资约50万元人民币扩建巍峨山门（山门上有赵朴初题写的"普化寺"三字）。

此外大连地区还有金州天后宫，庄河南尖龙凤阁海神娘娘庙、黑岛西阳宫、石城乡的海丰寺（该寺碑文记载：该寺于"明天启七年（1628）重修"，供奉的主神亦是妈祖）、王家岛祈祥园等共12处妈祖庙宇。

六、本溪

本溪的桓仁天后宫未见《奉天通志》等史料记载，常常为外界所不知。现在所能看到的相关材料主要是庙内所立《天后宫碑记》和该县地方志办公室编写的当代史书《桓仁史话》[1]。祠庙修于光绪八年（1882），当时此庙叫关帝庙。光绪十四年（1888），县内大水为患，村庄、民宅、土地惨遭淹没，城南原建庙宇亦遭水害。灾后，"水毁斯庙，逼走神明"。[2] 第二年，"县令遵奉清朝先制：'凡疆土通海要隘皆立天后圣祠，以示祭神庇佑兴发水运'的诏谕，报请盛京府批拨八千缗巨款，联同商民募捐集资，兴工重建天后宫庙院。"[3] 关东道教组织对怀仁修建天后宫之事也极为重视，特"派太清官方丈葛月潭，远涉山路，由奉天（沈阳）城启行来桓视察指导。光绪十七年（1891）重修庙宇，设正殿名为'灵慈殿'，塑天后圣母等金身。"庙宇竣工后，按旧俗，例必备三牲（牛、羊、豕）祭祀，并筑坛举办"社戏"，以欢庆开光。由于桓仁县令为附生出身的浙江人金作勋，酷爱南方戏曲，他顺应民心又兼自身爱好，便请莆仙戏班，到怀仁演出莆仙戏。莆仙戏就这样由水路从江南来传入桓仁地区。[4]

光绪三十二年（1906），位于鸭绿江口的安东开办为商埠。民国三年（1914），同盟会辽东支部成员黄氏琪出任桓仁县知事期间，开发浑江水运，建立沙尖子、桓仁南江沿两处码头，组织南方船工，造

---

[1] 王从安．天后宫修建始末．桓仁史话．富国良主编．桓仁满族自治县人民政府地方志办公室，1999.170－173.
[2] 彭湃．莆仙戏班到桓仁以后．桓仁文史资料．第二辑.1987年12月.78.
[3] 彭湃．莆仙戏班到桓仁以后．桓仁文史资料．第二辑.1987年12月.78.
[4] 彭湃．莆仙戏班到桓仁以后．桓仁文史资料．第二辑.1987年12月.79.
[5] 图片来源：http：//blog.sina.com.cn/s/blog_55bea13a0100flkb.html.

图2-5 桓仁天后宫（图片来源于网络）②

船200多只。打开了通向渤海的航道。桓仁有了水上运输，桓仁成为通海之城，由浑江抵安东（今丹东）沿海。20世纪20年代末至30年代初，桓仁水上运输达到鼎盛时期，沙尖子①、桓仁两地粮商云集。民国十八年（1929），通化、桓仁两地的商号、船号竞相捐资，在灵慈殿的基础上，恢复了原关帝庙的规模，修建了前后殿、东西两廊和钟鼓二楼，正殿主祀海神娘娘，前殿主祀关帝，两廊供道士起居和接待香客。历时两年，民国十九年建成，庙宇的名称改为天后宫。② 至今，县文物局管理所害保持着仅剩的当时1块天后宫后殿木匾，自右而左楷书"孚佑圣宫"四个大字。

---

① 沙尖子水旱码头兴盛于清光绪三十二年，曾有"东方小上海"的美誉。
② 现在的天宫庙的正门的大匾上写着"大德全敬赠"，大德全是桓仁百年老店。

右款竖书"民国十九年仲秋",下款为通化县商号名称。①

新中国成立后,天后宫建筑逐渐荒废。"文化大革命"期间,"又被红卫兵推倒了塑像,拆毁论文钟鼓楼"②。1988年,县人民政府拨款重建天后宫,三年建成,并立碑为记。重修后的天后宫,大殿、两廊、钟鼓二楼在原有基础上加高1米以上。山门外添置两座石狮,后殿门额挂匾"灵慈殿"。殿中,海神娘娘塑像位居正中。左右分列眼光、子孙二娘娘。前殿,关羽居中,左为吕洞宾,右为财神爷。东廊奉祀观世音菩萨;西廊权当仓库。前殿外两侧排列着数十通石碑。

桓仁"天后宫简介"

光绪八年,建关帝庙,以庇民生;光绪十一年,洪涝为患,水毁斯庙,逼走神明。光绪三十二年,修设灵慈殿,祠天后宫,奉祀海神娘娘。一九三一年,爱国将领唐聚五③扩建天后宫,增设前殿东西廊房钟鼓二楼。一九六六年天后宫被毁。一九八九年县府决定重修天后宫。始修三年,按期完工。

一九九九年五月二十日

第五节 妈祖信仰在东港市的传播

限于资料的匮乏,妈祖文化传入东港地区的时间目前还难以

---

① 王从安. 天后宫修建始末. 桓仁史话. 富国良主编. 桓仁满族自治县人民政府地方志办公室,1999.171.
② 王从安. 天后宫修建始末. 桓仁史话. 富国良主编. 桓仁满族自治县人民政府地方志办公室,1999.171.
③ 唐聚五,1899年生,原名唐福隆,吉林双城县人。1931年来到桓仁。1939年5月抗击日军时牺牲。

做出准确的判断。但从始建于清乾隆二十八年（1763）的大孤山天后宫和始建于清光绪十三年（1887）的大东沟天后宫以及始建于清光绪二年（1876）的元宝山天后宫妈祖庙推断，妈祖文化传入东港地区的时间至少有 250 年以上。在大孤山古镇，素有"先有孤山，后有奉天（沈阳）"之说。如果以大孤山古镇的建镇时间和开埠通航，始有船只从南方泉州、湄洲一带到日本、韩国、朝鲜等地从事海上贸易的时间推算，妈祖文化传入的时间甚至可追溯到更早时期。由此可见，妈祖文化在东港地区确实是源远流长。

关于妈祖文化传入辽宁东港地区的路线，学界有比较一致的看法。这与东港地区处于沿江、沿海、沿边的地域特点有着直接的联系。东港市地处中国万里海疆的最北端，位于鸭绿江的入海口处，有着长达近百公里的海岸线和江岸线。东港人的"母亲河"大洋河也从这里流向大海。随着航海业的发展，妈祖文化通过海上丝绸之路，从福建的湄州、泉州传到境域的大孤山、大东沟、菩萨庙、北井子、黄土坎以及老安东的沙河子（今丹东市）等地。

在东港，妈祖通常被人们尊称为"海神娘娘"。从清乾隆年间算起，境内大大小小的海神娘娘庙几乎遍布沿海各乡镇。渔民出海作业、商贾扬帆远航或逢妈神圣诞、升天之日，善男信女们总是怀着一腔虔诚和希冀，到妈祖庙进香朝拜。

东港大东沟港和孤山港为历史上较早的通商口岸，据《大东沟天后宫碑记》记载："木排之众多，商贾之荟萃，生意之兴隆，而风船、轮船之往来而不绝"。据民国二十年出版的《安东县志》载：每年"夏历三月二十三日为天后圣诞，安东艚船公会及各船户皆备香帛诣天后宫致祭，自朝至午络绎不绝，岁以为常。"（见《安东县志》卷七）。时至今日，每年农历四月十八日大孤山庙会期间，天后宫海神娘娘殿仍是人山人海，上香焚纸者川流不息，足可见妈祖文化对本地区的影响的深远。据当地文人记载,历史上的东港"凡有渔村就有妈祖的庙宇,凡有渔船就供奉妈祖的牌位,凡有人群就有妈祖的传说。"① 其中,始建于清乾隆二十八年(1763)的"著名的大孤山天后宫,是辽东半岛最重要的天后宫之一,因其规模庞大,结构宏伟,建筑水平高,并与许多历史名人,如左宗棠(清军机大臣)有着密切的渊源,而闻名遐迩。",还有建于元宝山下的老安东天后宫(俗称娘娘宫),其规模之大,香火之鼎盛,足可与天津的天后宫媲美。

十年浩劫期间,东港地区各处天后宫(妈祖庙)普遍遭到破坏,大孤山天后宫多年保持下来的庙志资料也全部被焚毁。

1978年以后,宗教政策逐渐落实,人们迎来了弘扬妈祖文化的春天。在改革开放的大潮中,东港沿海渔民要求恢复妈祖祭祀活动的呼声日甚。2003年夏,信众李明辉、李明峰及社会各界人士捐资60万元,率先在獐岛复建了妈祖庙,并连年举行妈祖文化旅游节。2008年5月22日(农历四月十八),在当地政府的支持下,由东港市妈祖文化交流协会组织,恢复了中断长达半个多世纪的大孤山妈祖祭典和巡游活动。同时,妈祖祭典申报省级非物质文化遗产等工作也逐一展开。

---

① 刘秀丽.海角风情[M].长春:吉林摄影出版社,2006.4.

第三章 孤山镇人文生态

保护非物质文化遗产应从遗产本身的文化空间入手,只有保护遗产生存与传承的文化空间,才能实现真正意义上的遗产保护。本章以东港市孤山镇妈祖信仰为切入点,详尽介绍该地妈祖信俗所栖居的文化生态空间。

第一节 自然环境及建筑(构筑物)遗产

一、自然环境

山、海、河、湿地等自然要素将孤山镇完美地包容起来。孤山古城靠山望海,山—城—河的风水格局,更加突出古城的文化内涵。

(一)大孤山

大孤山位于辽宁省东港市西部,由33座山峰组成。主峰海拔337.3米,陡峭挺拔,孤峙于黄海之滨,兼得海山之胜,为辽东著名风景区。其山脊状如锯齿,沿山路上行,茂林巨树遮天成荫,野草闲花覆坡为锦,景色清幽。"山体卧佛"、"石林峡谷"、"滴水瀑布"、"水底洞天"、"七星天"、"摩西石崖"、"十二生肖石"、"观音石"、"孔明石"等景观,构成了一处天然石雕园。大孤山国家级森林公园中有树木达274种,仅300年以上的老树达200余株,有槐活到300岁,有柏长至600年,更有古银杏已过了1300个岁月。古木之中,圆柞生于明代,距今已有400年了,树形状奇异,非扭即曲,被人称为逍遥自在的罗汉树。文昌宫里的元代古柏,高数丈,是文昌宫的镇宫之宝,碑铭曰:"相思圆柏"。

辽宁省大孤山珍稀古树一览表①

树名称	树龄（年）	树高（米）	胸径（厘米）	冠幅（米）	简　介	保护级别
银杏树（公孙树）	1200年	26	150	23.15	隐居古刹,宁静幽深,是唐代僧人建"望海寺"时所植。郭沫若曾来此,在这两棵银杏树下伫立良久说:"这两棵银杏树,在国内也不多见。"	国家级
圆柏	600年	19	88.5	8	600多年前,一道人云游此处栽下的。据说这位道人在返回时死于途中。	国家级
国槐	300年	24	79.4	18	生长在大孤山庙台前,主干离地2米深处分出两个大枝。共有两棵。	国家级
皂角树	300年	18	88	8	生长在大孤山庙台下,树空心,长势尚旺,每年开花。枝下高3.5米。	国家级

---

① 材料来源于孤山镇人民政府《关于申报国家级历史文化名镇的请示》,2009年3月,孤山镇文化中心提供。

续表

树名称	树龄（年）	树高（米）	胸径（厘米）	冠幅（米）	简 介	保护级别
槲树（大叶栎）俗称"古柞"	400年	18	81.3	14	生长在大孤山古建筑群西侧，沟旁共有72株，还有近百年生的200株，长势旺盛。	国家级
嘎巴枣树	500年				生长在大鹿岛，据说是毛文龙所栽植。因为它秋后结的紫红色小枣，甘甜如饴，放到嘴里嚼起来"嘎巴嘎巴"响，所以当地人就叫它为"嘎巴枣树"了。	

（二）大洋河

流经大孤山畔的大洋河是东港市境内一条最大的河流。大洋河发源于鞍山市岫岩县，主要由东洋河、哨子河两大支流组成，在岫岩县哨子河乡交汇后称为大洋河。大洋河在孤山镇和黄土坎镇交界处注入黄海，河流全长198.2公里，流域面积6504平方公里，年平均径流量31亿立方米，是辽河、鸭绿江之间的最大河流。

（三）鸭绿江口湿地自然保护区

辽宁鸭绿江口滨海湿地国家级自然保护区地处中国海岸线的最北端，位于东港市境内，面积10.81万公顷。鸭绿江口湿地不但是水鸟迁徙的重要停歇地，而且具有蓄水调洪、调节气候和降解污染等多种功能。湿地不仅保护生态环境，更重要的是它保持了一种尚未被人类所影响的自然生态系统。该湿地"物种资源丰富，高等植物有64科289种，其中野大豆为国家重点保护野生植物。野生动物中，有鱼类的88种、两栖类3种、鸟类44科240种、底栖动物74种、浮游动物54种。属于国家一级保护动物的有丹顶鹤、白鹳等8种，国家二级保护动物有大天鹅、白琵鹭等30种。《中日候鸟保护协定》规定保护的227种候鸟中，保护区已发现有121种，占总数的55.3%，为东北亚重要的鸟类栖息的迁徙停歇地。本区还拥有非常丰富的经济动植物资源，年产芦苇5万吨，文蛤、蛏等水产品9万多吨。"① 湿地保护区的建立，具有重要的经济、社会和环境价值。

孤山镇东南部为该湿地自然保护区的一部分，区内陆地、滩涂、海洋三大生态系统交汇过渡，形成了包括芦苇湿地、沼泽、湖沼、潮沼及河口湾等复杂多样的生态系统类型。

(四) 大鹿岛

大鹿岛距孤山镇南9海里，北距大孤山港9.6海里，西海域与大连相通，东海域与大东港、丹东鸭绿江相融汇，东南海域与朝鲜、韩国海域相连，是中国东北最大的海岛渔村。岛呈东西走向，最长处4公里，最宽处2公里，总面积6.6平方公里。海路可通全国和世界各港口，是国家批准的二类贸易口岸。远望孤岛高耸，兀兀海面，如一只梅花鹿卧于黄海之中。全岛三个村民组，854户，3232人，另有常驻岛人口及打工者520余人。

大鹿岛因其特殊的地理位置，历来为兵家必争之地。明崇祯年间（1628—1644），辽东总兵毛文龙曾在岛上驻守，抵抗后金

---

① 东港市孤山镇历史文化名城保护规划说明书．第5页．孤山镇文化中心提供．

入侵，率众将士立下"指日恢复金辽，吾侪赤心报国"的誓言。岛上立有碑碣，世称"毛文龙碑"。震惊中外的甲午黄海大战就爆发在大鹿岛海面，民族英雄邓世昌及 700 名将士和"致远"等 4 艘战舰分别牺牲和沉没在大鹿岛海面。岛上现有邓世昌墓[①]和邓世昌塑像。

大鹿岛前的月亮湾沙滩，是一个天然浴场。月亮湾海岸线长 3 公里，纵深 1 公里，坡降只有 1 米。滩沙细腻且无海底礁石，是全国少有的优质浴场。岛上东山存有英式灯塔和丹麦别墅，为大鹿岛增添了异域风韵。

二、孤山古建筑群

大孤山自唐朝始，经历代修葺，建成合上庙、下庙为一体的古建筑群，供奉着儒、释、道的创始人和重要的神、佛、仙，如孔子、释迦牟尼、玉皇大帝、地藏王、药仙等，是一组典型的"三教合一"的建筑群。整个建筑群占地 5000 平方米，房 104 间。除极少数始建于唐，重修于清乾隆年间外，其余均建于清中、晚期。这一组建筑，皆为砖木结构，飞檐翘角，画栋雕梁，十分美观，是辽东保存最完好的古寺庙建筑群之一。若从空中看，该古建筑群似一个繁体的"寿"字，取寿山福地之意，匠心独具。大孤山古建筑群分为上庙、下庙。上庙由药王殿、玉皇殿、真武殿、圣水宫、龙王殿、佛爷殿、三霄娘娘殿、一层楼、观海亭和佛塔组成，下庙由吕祖亭、天后宫、关帝殿、财神殿、文昌宫、地藏寺、十王殿、天王殿和古戏楼组成。一条中轴线贯穿圣水宫、天盾宫和古戏楼，使上、下庙既互为映

[①] 该墓所葬是否真为邓世昌尸骸，目前存在争议，这一问题将在本章"战争文化"一节中具体叙述。

衬，又连为一体。孤山古建筑群建筑技艺精湛，雕梁画栋，垂脊飞甍，斗拱雀替，砖雕壁画，呈现出一派大气磅礴的建筑风采。①

（一）大孤山天后宫

大孤山的天后宫（亦称海神娘娘殿），始建于清乾隆二十八年（1763），光绪六年（1880）被大火烧毁后当年重建。现存天后宫建筑面积842平方米，占地面积1800平方米。其主体建筑由一个面阔五间的硬山式正殿和一个同样面阔五间的卷棚抱厦构成。五楹正殿前为卷棚玄廊，连同一体。前庭三楹大殿是天后宫的山门，东西有重檐歇山木架结构的钟鼓楼。"据北京大学历史系教授陈传康先生认定，其总体规模为国内历史上最大的一处天后宫。"②

在天后宫的山门，立着两尊怒目的门神，东侧的叫"千里眼"，西侧的叫"顺风耳"。据说，他们本是两个精灵，一个叫金精，一个叫水精，经常为非作歹祸害百姓，被海神娘娘降伏，收在门下为将。千里眼看得远，用其特长，专管观雨，顺风耳听得远，专管听风，不管那雨那风在高高的九天还是遥遥的天涯，两位门神都能观得到听得见。一有风雨将来的消息，二神立即报给海神娘娘，海神娘娘则会巡视大海，救助渔船、商船。

正殿内供有海神娘娘的坐像，还悬着两只木船。据当地人说，但凡大风天，木船就会悠悠地动，但凡大雨天，那船底就会滴水珠。当地人据此认为海神娘娘殿里的木船能预知风雨。

---

① 本段主要参考：东港市孤山镇历史文化名城保护规划说明书．第6页．孤山镇文化中心提供．
② 杨光主编．人文东港［M］．中国文联出版社．2006.11．

图 3-1　天后宫角楼

（二）大东沟天后宫碑记

大东沟天后宫碑立于清光绪三十二年（1906），原碑址在大东沟天后宫庙（今东港市港城劳动宫附近），碑通高 2.25 米，宽 0.86 米，厚 0.25 米。该石碑现存于大孤山古建筑群下庙天后宫。碑文作者记述了大东沟商贾云集的兴隆状况，并记载了当年捐款修天后宫的相关事宜。

天后宫碑记原文如下：①

---

① 碑文参见：许敬文. 东沟县志 [M]. 沈阳：辽宁人民出版社，1996.3. 1191 - 1192.

天后圣母声灵之赫曜，自古昭然矣。故凡海口停船之处，罔弗丹楹刻补修庙宇，以肃观瞻；焚香布奠崇祀典，以告虔诚也。况安邑大东沟久庆太平，木排之众多，商贾之荟萃，生意之兴隆，而风船、轮船之往来而不绝，此乃地之灵也。安知非湄岛天后圣母默默中为之保佑耶？爰是街会人等公议上请庙地一处，既于光绪十三年四月吉日，鸠工庀材创新天后宫。知非一木所能支，岂费万钱而肯惜？乃土木兴而捐资不足，惟正殿稍有规模，庙之内外概未完美，街会人等不敢袖手，大兴募化，无有远迩。苟非四方有好施之士，不惜倾囊倒箧，共勷盛世，乌得如斯之轮奂也哉？今既告厥成功矣，又恐世远年深，将捐施者姓名及首事者之姓名并湮没而不传，岂不贻笑于后世？是以今将创新之始终及谋项之费用若干，一切开列清晰，勒之贞珉，以垂不朽云尔。

文邑庠生林辉钱　敕撰敬书

领袖人：张诚中、王益斌、姜福珍、淳于松龄。

街会人：赵其意、梁宝林、刘祥、徐熹、乐耀荣、田福运、王德钦、程兆仑、淳于华龄、朱福玉、刘永新、傅可霞、刘日红、萧正新、战其昌、姜希龄、候希功、曲振声、张德春、候万发。

石工人：姜凤阁、孙丕和、赵升迁、刘明德、姜丕武、赵惠延镌刻。

光绪三十二年岁次丙午七月吉日敬立。

从碑文记述来看，当年的大孤山"商贾荟萃，木排众多，贸易往来频繁"，这些都是妈祖文化得以在当地流传发展的条件和保障。

（三）古戏楼

进大孤山山门后是一片开阔地，在这片开阔地的东南面，赫然矗立着一座古戏楼。这座古戏楼，建于清道光六年，也就是公元1826年，距今近二百年。"戏楼是古代演戏、集会的场所，每逢农历四月十八和二十八日,四处众多的客商、诗人、学者聚集此地进行文化、贸易交流和浏览。"①

  古戏楼不仅是大孤山古建筑群的标志性建筑,同时也是孤山镇历史上繁荣昌盛的见证。自清中叶至中华民国年间,孤山成为中国北方水陆重镇之一,孤山镇内商贾如云,由此出发的商船近达牛庄、天津卫、烟台,远达大上海。经济的发展带来了文化的繁荣,古戏楼就在大孤山下应运而生了。过大年、正月十五、端午节、中秋节,或是哪个商家做成了一笔大生意,古戏楼上都是好戏连台。每年四月十八的娘娘庙会,更要唱上三天大戏。不但孤山镇人,就是相邻几个县的人,也都不远百里来赶庙会。

  古戏楼后台的白墙上,还有当年的毛笔题壁,虽因"文化大革命"时被红卫兵用白灰涂抹,难于一览全貌,但从白灰脱落处,至今仍可以看到"长须班在此演出《大走雪》、《铁佛寺》《三阴阵》"等字样。这几出戏,都是山西、陕西子剧目,由此可见,山西、陕西梆子比曾经在当地流行的河北梆子更早地传入辽东。也说明,在京剧传入辽东之前,兴盛的剧种不仅有河北梆子,还有山西、陕西梆子,从而成为辽宁乃至东北戏剧史的重要见证。题壁中还有清光绪二年(1876)山东莱州府掖县仁合班演出的四十多出戏,其中除了有山西、陕西梆子的《大金观》、《先凤戏叔》、《杨棚会》,还有昆曲《水斗》、《断桥》、《佳期》、《拷红》等。更让人瞩目的是题壁中发现"四大徽班"之一的"京都顺天府三庆班",也曾在古戏楼演出。如此众多且声名显赫的戏班在孤山古戏楼上演出,可见大孤山当年的繁荣景象了。②

---

  ① 孤山镇人民政府.大孤山镇情叙略长篇(初稿)[M].卷三.手抄本未出版.117.

  ② 此处主要参考:张涛著.孤山独白[M].北京:民族出版社,2000.30-38.杨光主编.海角东港[M].北京:中国文联出版社.2006.6-8.

孤山古戏楼是古典建筑的杰作，台角巨石上的松、竹、梅、兰石刻和彩绘的斗拱、雀替都栩栩如生，活灵活现；戏楼檐下悬有"神听和平"巨匾，字体中透出一派安详之气。

古戏楼最见匠心之处是其屋顶。在中国古典建筑中，屋顶有悬山式、歇山式和硬山式三种。不同的屋顶样式和不同的廊柱墙体相互映衬，体现出不同的建筑风采。一般说来，一座建筑，只有一种样式的屋顶。而孤山古戏楼，却是歇山式和硬山式两种屋顶的完美结合。从侧面看，形似二山，南硬山北歇山，硬山低歇山高，硬山的北坡与歇山的南坡巧妙相连，巧夺天工。从正面看，却是三山，中间峰高，两边峰低，一如古时候象形文字的山字。一座屋顶，集歇山式与硬山式为一体，这样的建筑形式极为罕见，从而成为大孤山古建筑群三大奇观之首。

"孤山的戏台，除古戏楼外，还有娘娘殿（天后宫）戏台。娘娘殿戏台始建于道光四年（1824），位于天后宫圣母殿内。光绪六年（1880）毁于大火。两年后重建，并在五楹正殿前建有看戏用的卷棚、旋廊，为亭台式舞台建筑，不演戏时为亭台，演戏时搭上木板即为出将入相之处了。全部材料储存于娘娘殿左右两厢，用时取出，用后即拆。今舞台4个石臼尚在。"①

（四）大孤山碑林

孤山贞节碑林坐落在大孤山下庙东侧，圣水池护栏右侧的小路前行200余米处。碑林规模不大，所立石碑是从东港境内收集而来，共16通，3行排列，其中上、中两排各5块，下排6块。石碑制成的年代以清代居多，有12块，民国时期的有3块，当代的1块。

"各碑刻的主要内容为彰显当地人物的功德和记载寺庙庵堂

---

① 许敬文. 东沟县志［M］. 沈阳：辽宁人民出版社, 1996.993.

志等。其中，功德碑 14 块，寺庙庵堂碑 2 块。"① 功德碑记载当地代表人物的功德事迹，比如"旌表义民李公讳鹏云全家殉难之碑石"、"旌表翟永丰未婚室王氏之碑"。寺庙庵堂碑是对寺庙庵堂的创建修缮等情况的记载，如"泰安寺碑"。

图 3-2 贞节碑

值得一提的是其中的贞节碑。贞节碑的背面都记载着相关贞节烈女的故事，其中一块石碑正面写着"贞节可风"，两侧镌刻"一生苦守贞静德""万世长存节烈风"，背面详细记载了这个女性的故事。节妇王氏系凤凰城人，十九岁时其父将其许配给翟家

---

① 杨光主编.海角东港［M］.北京：中国文联出版社.2006.69-70.

图 3-3 "贞节可风"碑

堡王公讳的长子王琖踰，两载后，夫亡。誓天泣血，几欲捐躯相殉，其痛哭发于不自禁也，家人都猝不及知所为。适有夫堂兄妻生子，虽在襁褓，而精神飒爽，过继给妇为嗣。遂经纪家事，侍奉公婆，抚养孩子，含辛茹苦。越十数年，而夫弟各自析居，公婆先后寿终，为子完婚。她六十四岁时去世，乡里详其事者不一而足。

（五）其他

孤山古建筑群中的观音庵也很有特色。观音庵，原名观音会，又名观音阁，于民国三十年（1941）改名观音庵。

观音庵始建年代不详，重修于清咸丰十年（1860）。由正殿、配殿、阁楼、禅堂等建筑组成，建筑面积 120 平方米。庵院西南跨院为观音阁楼一间，供奉南海观世音菩萨，因其坐南面北，当地人称为"倒坐庙"。观音庵对联令人叫绝，上联是"问大士为何倒坐"，下联是"叹世人不肯回头"。①

圣水宫，为大孤山六景之首，古称"水底洞天"。据《圣水宫记》碑所载："圣水宫，原名望海寺，传系唐代古刹。"虽说有宫之名，却有宫无殿，立地为柱为廊，腾空为顶为瓦。宫内圣水，与山下大泉眼，并称为大孤山两大名泉，水甘洌、清甜。相传，饮此水能医治百病，延年益寿，很多人慕名而来，但求一饮。古诗说："登临一饮清泉酿，不识桃园别有天。"

三、古民居

孤山镇现存百年以上的古民居 1000 余间，现存建筑面积 28000 平方米，建筑年代大约都在清朝末年到民国初年，为典型的南北、汉满结合的古民居。这些古民居保持了明清时期的建筑样式，其建筑风格是木架结构，有的一色是水磨青砖到顶，有的窗台以下小平用花岗岩理石，也有用本地火成岩垒成，白灰抹缝，窗台以上大平多使用水磨青砖到顶，白灰勾缝；也有只砌砖垛，墙心使用乱叉石，外抹白灰盘。房檐大多斗拱木架，上盖青灰小瓦和苇苫两种；房脊形态各异，有小瓦叠花戏凤脊，三凤透雕脊等。每座院落都有正房、东西厢房和门楼作对称。广泛分布的古代民居、四合院、门楼、小巷、胡同使古镇焕发出独有的古韵与妩媚。

---

① 此处主要参考：孤山镇人民政府文物保护材料《孤山观音庵》，孤山镇文化中心提供。

图3-4 古民居勾头瓦（孤山镇文化中心提供）

图3-5 古民居青灰瓦（孤山镇文化中心提供）

(一) 四合院

"大孤山四合院建筑兴盛于清末至民国初期,最多时有十几处,其建筑风格主要受孤山古建筑群影响,一律以青砖青瓦为建筑材料,具有鲜明的满族建筑特色。"①

图3-6 古民居曹、王家大院(东)

孤山四合院各具风格。共同特点是都有正房、东西配房,影背和门楼作对称,建筑用料皆是水磨青砖和青灰的鱼鳞瓦,木架结构。一般都保持了明清时期四合院的风格。门窗皆为紫色,门棂窗棂,皆有雕刻,青水梢,风火檐,房顶为合瓦脊(用灰瓦构套成古钱状),房脊两端有青灰上翘的砖雕作勾头。青水梢两端微上翘,亦有砖雕,檐上也有砖雕,东檐雕的"禄"字,西檐雕

---

① 杨光主编. 海角东港 [M]. 北京:中国文联出版社. 2006. 78.

的"福"字,字为楷书,是当地有名的书法家书写。屋前滴水铺着青灰的石板。

孤山最典型的四合院为曹、王两亲家合盖的四合院。那时曹、王两人结伴去鸭绿江上游放木排,多年下来,手中有了些银两,就合着盖起了两幢一模一样的海青房。经抓阄,东院为王姓,西院为曹姓。① 迄今为止,大院保存尚好,虽历经百年风雨,气势依然不凡。

图 3-7 古民居门楼

(二)门楼

孤山民居,不论什么样的屋,但凡有屋就有院,有院就有院

---

① 散见于:张涛著. 孤山独白 [M]. 北京:民族出版社,2000. 100-102.

墙,有墙就有门楼,或石砌或砖砌或黄泥筑成。门楼下,又都有两扇黑漆大门,左右各缀一铁制门环。有的门楼,更为精致一些,檐下嵌有砖雕。门扇上嵌有铁环,环座似兽非兽,虽无半点龙的模样,却是龙的儿子,名曰椒图。据说椒图忠厚老实,安分守己,便用其看门护院了。①

(三) 黄泥墙

"大孤山,三桩宝,黄泥打墙墙不倒。"这则民谣将大孤山的黄土墙幻化为一景。

黄泥墙基是用当地乱叉石或外地花岗岩筑就,一般2—3尺高。墙基往上,便是本地黄泥打造的墙身了。大孤山的黄土墙之所以如此闻名,一是孤山的土好,有着极好的韧性;二是孤山人打墙的功夫好。打墙的工艺是十分讲究的。先要让一堆黄土吃透水,然后搅拌,随之牵来一群牛在黄土中踩踏,并要观察土的稀稠度以适当加水。直到牛将土踩均匀了方可用来筑墙。筑墙时,人们还要用摔、捶的方式加强黄土的坚固性。②

(四) 胡同

大孤山的胡同长长短短,弯弯曲曲,横横斜斜,有窄的二人相遇擦肩而过,有宽的丈余。小胡同连着大胡同,大胡同通向小胡同,胡同接胡同,胡同通大街,大大小小胡同,如蜘蛛网,织成一方天地。胡同里的户户人家,屋子肩靠肩膀挨膀,拥拥挤挤热热闹闹一辈子。大则有鱼市胡同、草市胡同、宴春胡同,小则有东山胡同、西后胡同等。

---

① 张涛著. 孤山独白 [M]. 北京:民族出版社,2000. 91-92.
② 杨光主编. 海角东港 [M]. 北京:中国文联出版社. 2006. 77.

辽宁省东港市孤山镇古民居基本情况表①

名称	建筑年代（存在时间）	建筑面积（平方米）	保存状况	等级	简介及主要特色	位置
曹、王家宅院	1921年（88年）	400	完好	1	正房10间，东西厢房各5间，门楼2座，青砖灰小瓦，青灰叠瓦脊，屋檐斗拱。	西后街44—46号
赵家宅院	1872年（137年）	600	完好	1	楼房两层，每层5间，东西配房各3间，青砖灰瓦，大门楼	清真寺胡同54号
赵家庄园	1836年（173年）	1200	基本完好	2	东院瓦房3间，前屋7间，西院正房9间，前屋12间（包括1间大门洞）	南大街66—70号
单家宅院	1900年（109年）	410	完好	1	正房7间，东、西厢房各7间，青砖灰瓦，土龙脊，斗拱屋檐系典型的清代建筑	大板桥胡同54号
范家宅院	1804年（205年）	210	一般	2	正房7间，东、西厢房的门楼已拆除，青砖灰瓦，土龙脊，斗拱屋檐，典型的清代民居建筑	东后街观音庵下

---

① 材料来源于：辽宁省东港市孤山镇历史文化情况表．2009年3月．孤山镇文化中心提供。

续表

名称	建筑年代（存在时间）	建筑面积（平方米）	保存状况	等级	简介及主要特色	位置
王家民居	1860年（149年）	580	一般	2	正房16间，东、西厢房已拆除	拥军胡同
孙祥牟宅院	1880年（129年）	200	一般	2	草正房5间，东厢房已拆，西厢房3间，青砖灰瓦	康河胡同23—25号
于凤洲宅院	1880年（129年）	200	一般	2	正房5间，东、西厢房各3间	康河胡同31—33号
齐永贵宅院	1884年（125年）	510	一般	2	草正房7间，东、西厢房各5间拆	康河胡同153号
姚家宅院	1876年（133年）	400	一般	2	正房7间，东为二层青砖灰瓦小楼拆，东、西厢房各3间	双泉路25—29号
孙广增宅院	1912年（97年）	380	一般	2	正瓦房7间，选用南杉木，西厢房5间	大板桥胡同24号
王丹庭宅院	1894年（120年）	510	一般	2	正房5间，东、西厢房各3间，东、西前套房各3间	学府北路33—35号

四、其他建筑

（一）阁坨贝丘遗址

2009年7月，笔者与孤山镇政府宣传部、史志办、东港市电视台人文东港栏目组等工作人员一起参观调查了阎坨贝丘遗址。

阎坨贝丘遗址位于孤山镇谷屯村阎坨子屯北500米北坨子北坡下,是原始社会新石器时代遗址。贝丘为海边的先民捕食介壳类水生物所遗留下来的多种贝壳与泥沙混合堆积形成。遗址呈正方形,边长100米,面积1万平方米,为低矮台地,高出地表层5米左右,周围为缓坡,多为耕地,文化层厚度为1.5—2米。[①]

1958年"大跃进"时期,孤山人民公社组织村民在谷家屯大队(当时的村名)蛎瓦坨子开采蛎瓦渣皮做钙肥时,发现了这一古人类遗址。据目睹者,东沟县第一中学校长曲亭立(1958年任孤山中学历史教研组组长)、教师王声(任历史科教师)提供的书面材料:"1958年大跃进时期,孤山人民公社在开采时发现了古人类石锅灶一处,孤山中学史地组闻讯后,于1959年秋全组赴谷家屯大队进行考察。"当时采集到的古人类遗物有石刀、石斧、石铲和骨针、骨梭、骨刀以及大量的压印纹,刻划纹陶片等生产生活用具。其中石器有辉绿岩、砾石打制的亚腰形扁平石铲。磨制石器有扁平玉石凿、石斧、石铲、石刀。骨器有骨椎、骨针、骨梭、骨刀等70余件。其中骨梭由斜辟兽长骨制成,一端保持原骨质面,另一面经人工削磨,在距顶端5厘米处斜穿1孔,孔径3毫米,尖端折损,残长10.5厘米,现藏于孤山文物管理所。出土陶器均为手工制成,以夹砂红褐陶为主,其次为夹砂红陶,并含滑石粉。[②]

1976年,经辽宁省博物馆工作队考证,认定该遗址为新石器

[①] 杨光主编.人文东港[M].北京:中国文联出版社.2006.7.

[②] 此处主要参考:孤山镇人民政府文物保护材料《阎坨贝丘遗址》,孤山镇文化中心提供。孤山镇人民政府.《资料调查集装主卷6》.第七章文物古迹.孤山镇文化中心提供。

时代，距今约 6000—7000 年。① 该遗址的发现，为研究新石器时代海岸线的变迁和原始人类分布及生活习性提供了重要的实证资料。

据《东沟县志》载："与本世纪初比，海岸较大幅度朝海洋方向后撤，有地后撤 5 公里。"② 中国古代的地理著作《山海经》中记载了这样一个神话故事，说的是有位名叫麻姑的仙女，有人问她："芳龄几何？"她回答说："我也记不清楚了，只看见汪洋的东海，三次变成了桑田。"从此便有了"沧海桑田"这个成语。现在，脚下这片当年的汪洋之地、现在的良田沃土，成为这个成语的最好注解。

（二）大孤山山城遗址③

大孤山山城位于东港市孤山镇东大于村前进屯东北 200 米的大孤山山脉东南端，东侧 3 公里处为大洋河的入海口（黄海）。城墙随山脊起伏修筑，呈椭圆形。南北宽、东西窄，全长 1.8 公里，宽 2.5 米，左右城墙高 1.7—2 米，面积约 8 万平方米，东南有一豁口，长约 100 米，是山城的水门。

城墙大部分地段已全部倒塌，部分地段尚可见到残墙，其高 1 米左右、宽 2 米，是用当地乱石修筑，山峰陡崖处没有筑墙。

当地群众传说此城为高丽城。经相关部门普查、复查，没有发现高句丽时期的任何遗迹和遗物，从城内采集到的遗物来看，明代时期遗物较多，故此城应属明代山城。

---

① 杨光主编. 人文东港 [M]. 北京：中国文联出版社. 2006.7.
② 许敬文. 东沟县志. 沈阳：辽宁人民出版社，1996.165.
③ 此部分内容主要参考：孤山镇人民政府文物保护材料《大孤山山城遗址》，孤山镇文化中心提供. 杨光主编. 海角东港 [M]. 中国文联出版社. 2006.68.

1983年4月11日东沟县人民政府将孤山山城定为县级文物保护单位。

（三）明代西土城子遗址[①]

明代西土城子遗址位于孤山镇西土城村，城为方形，长、宽各200米。据《东沟县志》大事记记载：公元928年（契丹天显三年、东丹甘露三年），契丹灭渤海国之后，改建东丹国。东丹国迁都辽阳，将原龙河郡迁至孤山镇西土城子。据《辽史·地理考志》、《辽地理图》载，该城系辽代盐州城。经文物工作者考查，认定为明代沿用城。1988年7月被列为县级文物保护单位。

（四）周桓故居

周桓（1909—1993）孤山镇东关村人。1930年参加中国工农红军，同年加入中国共产党。土地革命战争时期，任红五军政治部秘书，红三军团政治部秘书处处长兼政治教导队政治委员，军团保卫局执行部部长，红一方面军总政治部地方工作部部长，工人师政治部主任，红八军团政治部敌工部部长，红军大学政治委员，红一方面军总政治部秘书长兼敌工部部长、统战部部长。参加了长征。抗日战争时期，任八路军野战政治部敌工部部长，八路军总司令部秘书长，八路军野战政治部组织部部长兼军法处处长。解放战争时期，任东北军政学校政治委员，东北民主联军政治部副主任，东北野战军政治部副主任兼联络部部长、后勤部政治委员，东北军区政治部主任。中华人民共和国成立后，任东北军区副政治委员，沈阳军区政治委员，中共辽宁省委书

[①] 此部分主要参考：杨光主编．人文东港［M］．北京：中国文联出版社．2006.13.

记,国务院文化部顾问。1955 年被授予上将军衔,是中国人民政治协商会议第一届全国委员会代表、第五届全国委员会委员,第二届全国人民代表大会代表,中国共产党第八届候补中央委员。

周桓故居建于清光绪年间,面积约 100 平方米。清光绪年间,周桓的叔伯曾祖父周学濂,来到孤山东关村定居建筑此房。周家祖辈有草房 43 间。1930 年,周家将祖业家产分为四份,周桓父亲排行老二分得房屋 8 间;正房 5 间,厢房 3 间,因周桓参加革命一直未回,房屋始终由其母亲和两个未出嫁的妹妹居住。后来,3 间厢房因常年失修,便将其厢房拆除。1996 年,周桓故居因年久失修,成为险房,经东港市人民政府同意,在原址上翻建。[①]

1988 年 7 月列为县级文物保护单位,1989 年原东沟县文物所,在周桓故居墙外西侧,立文物保护标志牌。其故居所在的街道命名为"将军街"。

(五)明代毛文龙碑

明朝末期,钦差平辽将军总镇左军都督毛文龙镇守鹿岛时,正值明朝国势衰落、东北女真族崛起之际。当时女真族首领,努尔哈赤率领八旗重兵,割据辽东 70 余城池。辽东百姓,纷纷奔逃山东和沿海的皮岛、鹿岛、双岛、长岛等岛屿,依附毛文龙。明宗祯元年(1628),以毛文龙为首的将士,为表示"指日恢复全辽、吾侪吃心报国"的决心,在大鹿岛修建望海寺庙,并勒石立《新望海寺碑记序》碑。碑文记载毛文龙等众将士,收复失地的决心和建造庙宇事宜。碑的背面刻有众多抗金将士的职位和姓名,其中就有"钦差平辽使宣行游击将军任总镇左军都督府左军

---

① 孤山镇人民政府文物保护材料《大孤山周桓将军故居》,孤山镇文化中心提供。

都督毛文龙"。在建庙立碑的次年（1629）六月，宁远巡抚袁崇焕，恶其专擅，泛舟抵岛，杀毛文龙于双岛。

因此碑为毛文龙所立，故称"毛文龙碑"。"文化大革命"中被推倒，1975年重立，1979年辽宁省文化厅拨款建庙宇式碑亭。1983年8月丹东市人民政府公布为市级文物保护单位。①

（六）大鹿岛灯塔②

大鹿岛灯塔位于大鹿岛灯塔山上。灯塔山在大鹿岛的最东端，由一条200米长的海堤相连接，属岛外岛。其山势南高北低，南坡陡峻，北坡平缓，灯塔坐落在西南最高处。

大鹿岛灯塔建造于民国十二年（1923），是英国为来往中国的船只导航而建造的。灯塔高7米，发光射程15海里。新中国成立后灯塔被废弃。1990年由大连航标局将废弃的灯塔和小楼房进行修缮，并重新启用灯塔，架设航标灯，为进出大东港的船只导航。目前灯塔保护、管理良好。1980年10月，被列为丹东市文物保护单位。

（七）大泉眼

孤山镇中大街南侧，有一泉，称大泉眼。泉阔不盈丈，深三尺多，水自泉底石隙而生，生而旺，临泉望之，浪花翻出水面，其声汩汩，百步可闻；人在泉边，倒映水中，可见眉眼，可辨睫毛，时而有鱼虾嬉戏于泉中。大泉眼水质清澈，入口甘甜，千余年来，天大旱时，此泉从未干过。现为市级文物保护单位。

---

① 此处主要参考：孤山镇人民政府文物保护材料《毛文龙碑》，孤山镇文化中心提供。杨光主编．人文东港［M］．中国文联出版社．2006.15.

② 此处主要参考：孤山镇人民政府文物保护材料《大鹿岛灯塔》，孤山镇文化中心提供。

辽宁省东港市孤山镇民国政府下属所、局、宅院、学校一览表[①]

名称	建筑年代	建筑面积（平方米）	保存状况	等级	简介及主要特色	位置
东门所	民国	200	基本完好	2	原青砖灰瓦，现顶改换红瓦，伪满时期警察所	摆渡口
北门所	民国	200	基本完好	2	青砖灰瓦，伪满时期警察所	正堂
南门所	民国	100	基本完好	2	青砖灰瓦，伪满时期警察所	康河胡同1号
电报局	1800年（209年）	100	基本完好	2	东3间、西2间，清朝到民国年间的电报局	大板桥胡同
吕家宅院（国高）	1860年（149年）	760	基本完好	2	青砖灰瓦正房9间，东西厢房各7间	大板桥胡同
国高	1862年（147年）	250	基本完好	2	青砖灰瓦7间	东港市第一中学

第二节 历史文化

一、宗教文化

大孤山宗教文化源远流长，主要有佛教、道教、基督教和伊斯兰教，对境内风土人情、习俗有一定影响。

---

① 辽宁省东港市孤山镇历史文化情况表．孤山镇文化中心提供．

（一）佛教[①]

佛教传入大孤山境内较早，具体传入年代失考。据大孤山上庙《圣水宫记》碑载，大孤山望海寺始建于唐代，证明佛教传入境内的时间至少在1000年以上。据碑文资料，唐朝有一洪真和尚，托钵募化，经数年，在大孤山前半山腰处修望海寺，在东侧纸坊沟修东阳寺，西侧修朝阳寺，在后山坡修龙泉寺（背阴寺）。至明朝末年，四寺坍塌荒废，仅存基垣。现存的大孤山庙宇，为清朝中、末期重建或新建。

1944年孤山观音庵住持为大雄宝殿三如来佛举行开光典礼。1945年，为新塑的观音菩萨开光。分别从河南兹云寺、营口楞云寺、沈阳兹恩寺请来大法师主持典礼和讲经法会。每次典礼和法会都持续20余天。1962年，观音庵住持释隆道被邀请为县政协委员，并被选为省佛教协会理事。"文化大革命"后，境内观音庵7名比丘尼还俗。

（二）道教

据大孤山上庙《圣水宫记》碑载，清乾隆十一年（1756年）山东道人倪理休云游大孤山，见景地清幽，有古刹址，便募化重修，在望海寺遗址上建圣水宫，后陆续有凤凰山紫阳观、庄河莲花山、奉天（沈阳）太清宫等地道士来宫常住，香火日盛。后于嘉庆、道光年间，大孤山先后建起三霄娘娘殿、天后宫、文昌宫、财神殿、关帝殿、龙王殿、玉皇殿、药王殿、吕祖庙等道观。清朝末期，境内道教趋于衰落。东北沦陷时期，庙内第九代主持胡然方采取了媚日的政策，胡然方因此成为伪满洲国道教首

[①] 此处主要参考：许敬文主编. 东沟县志[M]. 沈阳：辽宁人民出版社，1996. 252.

领之一，境内道教又有一定发展。①

大孤山古建筑庙内历代主持名单②

代序	姓　名
1	倪理休
2	于生宪、壬生机、原生秀
3	姜体福、童体仙、刘体仁、杨体义
4	肖性义、王性福、由性禄、刘性元、孙性含
5	周浮清、孙浮声、张浮槎、刘浮生、王浮琴
6	宋空岫、宋空壆、邹空峣、王空峰、张空惠、周空泰、刘空顺
7	徐坐新、傅坐舟、尹坐莲、张坐馥、薛坐林
8	李自洞、孙自金、王自静、汪自正、王自敏、宋自财
9	王然兴、胡然方、孙然珍
10	范是中、孙是家

计十代，四十一人。③

（三）基督教

光绪十七年（1891）丹麦基督教信义会派人到中国传教。光绪二十年后，凤城、岫岩、孤山有丹麦牧师传教。光绪二十六年，丹

---

① 此处主要参考：许敬文主编. 东沟县志［M］. 沈阳：辽宁人民出版社，1996. 252–253.

② 孤山镇人民政府. 大孤山镇情叙略长篇（初稿）［M］. 卷一. 手抄本未出版. 126.

③ 据大孤山圣水宫开始始祖历代谱系载，其辈序为：玄至乙鱼上，无元妙理生，体性浮空坐，自然是全真，常怀清净志，合曰得全舟，道高扶社稷，留名万古传，弘扬开大地，正法度宪家，温良恭伦让，宽仁慈善容，潜心存本位，默念守规中，勤修延寿宝，内息润黄庭，安养黍珠成，凝照慧光灵，冲举云霄外，永与太虚同。

麦牧师于承恩到安东传教,因没有场所,无法宣读教义,无人入教。翌年,由有影响的商界士绅索景昌出面借元宝山商会土地修建住室、工人室及聚会所,始开教门。光绪三十三年(1907),又有丹麦医生安乐克到安东创办丹国基督教医院。丹麦传教士郭慕深女士也到安东布道,并创立女教会和基督女医院。光绪三十二年,在财神庙街设讲堂,民国三年(1914年),在元宝山前建大礼拜堂,可容纳数百人。民国十年,又在金汤街设讲堂。大东沟、九连城、六道沟等处也先后设立教堂,每星期日有牧师宣讲教义。至民国二十年,安东县内基督教会及附属机构有:安东基督教会(附设三育小学、医院)、安东基督女教会(附设文化女学校、幼稚园、育婴堂、女医院)、福音堂、大东沟基督教堂、九连城基督教堂、六道沟基督教堂、安东基督教青年会等。①

清光绪二十三年(1897),牧师柏卫选定大孤山为中心教区。光绪二十四年(1898)十一月,丹麦人聂乐信女士到大孤山,与柏卫一起在大孤山西街设立施医点,兼施教义。每天问诊者少则二三十人,多则近百人。由于治愈者较多,影响较大。19世纪末,大孤山建立基督教路德会,之后,又以孤山为中心,在周围设立若干分会。

孤山基督教路德会分会统计表②

会　址	驻会传教人	传教士	信徒数
庄河县宫衙街	范佳成	2	156
庄河县青堆子镇795号	刘太和	2	121
庄河县王家沟	吴焕新		60

---

① 此处主要参考:许敬文主编. 东沟县志[M]. 沈阳:辽宁人民出版社,1996. 253.

② 许敬文主编. 东沟县志[M]. 沈阳:辽宁人民出版社,1996. 253.

续表

会　址	驻会传教人	传教士	信徒数
凤城县龙王庙街	姜成一	2	64
凤城县黄土坎镇	刘长相	2	60
凤城县马家岗夏家屯		1	20
庄河县孤山镇西关	柏卫	2	350
庄河县孤山镇东关	聂乐信	2	460

民国初期，孤山基督教路德会组成理事会，柏卫任理事兼牧师，聂乐信、卜士温、陈乐实3个丹麦女士任理事兼传教士，理事会中还有夏德慧、宋占一、李海天3名中国理事。

孤山新中国成立后，孤山基督教会由中国牧师夏德慧主持。1947年又由孙信爱接任。1954年建立执事会，刘宝为执事长、王玉娴（女）为副执事长。1957年教会活动改由丛淑玉主持，因信徒减少，改在刘振功寓所里做礼拜，时有五六名教徒，活动不到一年便停止。1960年，聂乐信卒于大孤山东教堂内，终年89岁。1982年7月，孤山镇内的基督教徒恢复活动后，由丛淑玉主持，有新老教徒20余人。丛淑玉为丹东市"三自"爱国运动委员会委员，县政协委员。笔者在调查期间专程去拜访丛淑玉老人，遗憾的是当我们来到她家楼下时，听说老人当日清晨刚刚去世。丛淑玉老人的葬礼按照基督教仪轨进行。

说到大孤山的基督教，就必须提及丹麦人聂乐信。

聂乐信，原名艾伦·聂乐希思，女，1871年生，丹麦尔蛮族人，出生后受洗礼加入基督教，以优异成绩毕业于丹麦护士专业学校。1896年4月，聂乐信受丹麦基督教传导学会派遣来到中国，协助先期到达辽南地区的柏卫牧师夫妇施医布教。她在北平（今北京）学习两年汉语后，于1898年11月15日到达安东县

（今东港市）大孤山镇。她为贫困患者免费诊疗，日求诊者多达百人。之后，她收养三名流落街头女孤儿。聘请教师为收养的孤儿授课。光绪三十四年创办崇正女子小学。民国元年（1912），创办崇正贫民救济所，收养一批无家可归的妇女，组织她们从事编织、刺绣生产。民国二年，用教会的资助金和自筹金，为收养的妇女建厂房和宿舍，安排其就业和食宿。民国四年，创办一年制保姆学院。还设幼儿园，解决女工子女入学问题。民国六年（1917），聂乐信与柏卫牧师在大孤山北关建基督教礼拜堂，时称"丹国楼"。每逢星期日上午，由聂乐信主讲《圣经》。民国九年春，在大孤山北关基督教墓地西侧建养老院，收留五六名无亲可投的老人看护墓地、养鸡种菜，安度晚年。至年末，以大孤山为中心，在庄河、安东两县的9个乡镇设立分会点，教徒达1311人。民国十四年，她先后编译出版《基督教五要选读》、《基督教五要便览》、《圣经易记》等书，并作为课本供教徒和学生学习使用。

民国十六年，崇正女校发展成综合性学校，内设幼儿园、初小、高小、初中、保姆院、师范班等。校长由聂乐信担任。1929年，聂乐信加入中国籍，并将丹麦教会发给她的年薪1400元大洋全部捐赠给慈善事业。她生活俭朴，双手不离针织，日常费用靠自食其力。1938年，聂乐信创办的各项事业达到最兴盛的时期。崇正文校学生发展到417人，有教师18人，学校各类建筑占地7300平方米；崇政贫民救济所收养370人，其中寡妇3人，无家可归的妇女10人，孤儿17人，老弱残疾5人，有厂房和住宅5间。

1942年，日伪当局强制崇正女校师生晨起遥拜日本"天照大神"，聂乐信以基督教"笃信上帝，不拜他神"为由加以拒绝，被日本人投入监狱。1946年，柏卫等三名丹麦牧师被遣送回国，聂乐信表示："我是中国人，我不离开中国。"1960年7月，聂乐信病逝，安葬于大孤山下，终年89岁。①

聂乐信从丹麦引进的黄杏，经与当地杏树嫁接而结出的孤山杏梅，果实硕大甜美，为闻名遐迩的水果珍品。笔者调查时，正值孤山杏梅成熟季节，在教堂里调查时，有幸品尝到几颗，甜美无比。正宗的孤山杏梅要卖10元一斤，我住的房东催阿姨家，当年院子里的几棵杏梅树收入4000元，是一笔不小的收入。

(四) 伊斯兰教

清同治五年（1866年），回民赵明玉携妻刘氏及3个侄儿，从河北省高城县九门坛下赵庄逃难到孤山境内龙王庙定居。后又有马、杨、李、金、刘、回、丁、万等姓氏的回民从岫岩、凤城迁入龙王庙、大东沟、大孤山地区，并先后于3处建造清真寺。"光绪十年（1884）回民丁世存全家由岫岩迁至大孤山开设回民饭店"。② 光绪二十六年（1900），大东沟清真寺招收十二三名回民子弟开设清真小学。教师由沙阿訇兼任，讲授阿语课程和宗教知识。开学2年后，因大多数回民迁移而停办。"文化大革命"中，3处清真寺有的被拆除，有的被挪作他用。1978年后，虽得以修复，但因无阿訇主持教务，穆斯林很少进行活动，婚丧嫁娶必须按教规进行时，从丹东、庄河青堆子、凤城等地请阿訇办理。1982年、1984年，孤山镇回民回官顺、万成金曾出席丹东市第一、二届伊斯兰教代表大会，并被选为伊斯兰教协会委员。回官顺还被选为东沟县政协常委。③

宣统二年（1910）大孤山回族居民集资在镇内买居民草房7

---

① 关于聂乐信的资料主要参考：许敬文主编. 东沟县志 [M]. 沈阳：辽宁人民出版社，1996.1084 – 1085. 孤山镇人民政府. 资料调查集装主卷8.17 – 18、55 – 73. 孤山镇文化中心提供.

② 许敬文主编. 东沟县志 [M]. 沈阳：辽宁人民出版社，1996.22.

③ 许敬文主编. 东沟县志 [M]. 沈阳：辽宁人民出版社，1996.254.

间，改做清真寺。民国十八年（1929），杨玉仁阿訇募捐100元钱，增修四周围墙和门楼。1967年，当地驻军用7间军产房与之交换，随即拆除，在原址重建9间砖瓦房。1979年，县政府拨款4000元，责成孤山房产部门在孤山镇东街建4间房，意欲交给回民作清真寺用，但回民坚持要清真寺老房址，后经有关部门同驻军达成协议，将部队原来换出的7间房和新建的4间房交给部队，又由县政府出资1万元，换回原清真寺的9间房作为清真寺。

二、传说故事

孤山民间有很多传说和传奇故事，蕴含着浓厚的民间文化积淀。著名的有"姜蛮慧眼相山挖棒槌"，"杨贵妃取道孤山渡东瀛在此落脚"，"日本学者安倍仲麻侣渡东瀛遇海难在此登岸逃生"，"曹大汉伴曹雪芹写《红楼梦》"，"曹大汉修庙背石碾"等等。

（一）安倍仲麻吕传说

1. 安倍仲麻吕与贵妃东渡的传说

大孤山古建筑群上庙附近望海亭道旁，立有"安部仲麻吕之遗迹"石碑。上书：大孤山圣水宫安部仲麻吕之遗迹，落款是甲戌年夏立。关于安部仲麻吕与大孤山的传说，版本有二。

其一：1992年10月1日腾振德曾在《东沟县报》上撰文（略作修改）：唐玄宗贵妃杨玉环，756年（即天宝15年）6月14日在马嵬驿兵变中被缢未死，逃到扬州。后来在日本遣唐使安部仲麻吕护送下东渡，船载黄海遇到风浪，漂到大孤山，在大孤山，她住在姑子庙，修养了一段时期，于757年由大孤山乘船去往日本。传说大孤山上庙三霄娘娘殿中三位娘娘，中间那位就是杨贵妃，两边的是陪同贵妃的阿蛮、娟美两位宫女。安倍仲麻吕因护送杨贵妃而来过大孤山，故大孤山上庙竖有"安部仲麻吕之遗迹"石碑。

图 3-8　民间传说：杨贵妃取道孤山东渡日本（浮雕）

其二：传说中安部仲麻吕曾两次乘船回日本，其中一次是在黄海翻船而被渔民救出后到过大鹿岛、大孤山。在大孤山住了一段时间躲过劫难后，重返长安。大孤山"安部仲麻吕之遗迹"石碑，就是这段不平凡经历的见证。①

无论哪个版本的传说，都说明一点，就是日本遣唐使安部仲麻吕曾经到过大孤山。

2. 历史上的安部仲麻吕

说到大孤山的"安部仲麻吕之遗迹"碑，得先说说安部仲麻吕。

安（阿）部仲麻吕（阿倍仲麻吕）（698—770），日本奈良时代入唐留学生。唐（玄宗）开元五年（717），安部仲麻吕与后

---

①　杨光主编．海角东港[M]．北京：中国文联出版社．2006.53.

来采用汉字楷书偏旁创造了片假名的日本文字之父吉备真备等人一同来到中国唐朝的都城长安（今西安）。安部仲麻吕来长安后，起初取汉名朝臣仲满，后改为朝（晁）衡，在太学学习，善诗文，与大诗人李白、王维多有唱和。安倍仲麻吕的著名诗篇有《望乡诗》："仰首望长天，神驰奈良边；三笠山顶上，想又皎月圆。"

唐天宝十二年（753），安部仲麻吕渡海东归，途中遭遇风暴，漂流到安南（越南）。李白听到他已遇难的传说后，曾写《哭晁卿衡》一诗哀悼说："日本晁卿辞帝都，征帆一片绕蓬壶；明月不归沉碧海，白云愁色满苍梧。"后来，安部仲麻吕重返长安，留在唐朝做官，曾任左散骑常侍、镇南都护。唐（代宗）大历四年（770），卒于中国。现在西安兴庆宫公园内，建有"阿倍仲麻吕纪念碑"。①

有关阿部仲麻吕的正史中没有任何关于他来过北方的记载。阿倍仲麻吕到过大孤山的遗址与史实相去甚远。既然安部仲麻吕根本没来过大孤山，那么这块阿部仲麻吕之遗踪的石碑到底是怎么回事呢？是谁立的这块碑，为什么要立这块石碑呢？

3. "安部仲麻吕之遗迹"碑

"安部仲麻吕之遗迹"碑上写着：大孤山圣水宫　安部仲麻吕之遗迹，落款时间为甲戌年夏。此遗迹碑为原大孤山庙第九代住持胡然方于1934年所立。②

甲午战争后，有日本人在大孤山庙药王殿内立有纸制牌位一个（此牌位并非胡然方所树，因古庙文字资料在"文化大革命"中被焚，何人何时书此牌位不详细），正面书"安部仲麻吕之

---

① ［日］池步洲．日本遣唐使简史［M］．上海：社会科学院出版社，1983．
② 胡然方于1925年开始主持大孤山圣水宫，是为圣水宫庙"九代嗣徒"。

位",背面抄录安部仲麻吕和唐代大诗人李白的诗句。此牌位未被庙中道人重视,将其放置泥塑神像之后。① 胡然方担任住持之后,将此牌位拂去尘土,置于正位。

"九一八"事变后,一些日本军人到大孤山庙药王殿寻找安部仲麻吕牌位,由道士从墙角处找到,写牌位的红纸已陈旧不堪,边缘处多有被虫蛀咬的痕迹。那些日本军官见了牌位,喜出望外,如获至宝,又作揖又扔钱,很是敬仰。胡然方得知日本人敬仰安部仲麻吕的情况后,查找了一些历史资料。为了博取日本人的欢心,胡然方遂演绎出安部仲麻吕曾在大孤山停留,而后乘船回国之说,并在伪康德元年(1934)于大孤山圣水宫前树立起刻有"安部仲麻吕之遗迹"的石碑。

此后,胡然方又向日本人和伪满洲国主管宗教的部门提出为安部仲麻吕塑像建庙的建议。伪满洲国通过"外交部"从日本运来一幅安部仲麻吕的画像,胡然方找到能工巧匠据此泥塑(一说是木刻)了一尊安部仲麻吕的坐像。伪康德六年(1939),大孤山圣水宫西侧的安部仲麻吕庙建成,安部仲麻吕的坐像就安放其中。此后,日本人纷纷到访。胡然方因此受到来此参观的伪满洲国宫内府大臣袁金凯"胡道人不俗"的赞赏,并让他专门进修了两年日语,还让他担任了庄河县道教支会长、安东省道教分会长、伪满洲国道教总会副会长,应邀出访日本云游名胜,被日本天皇接见,成了伪满洲国道教界红人。

据《东沟文史资料》(系县政协文史资料研究委员会所编。第一辑,笔者田孝昌)所载:"伪满时期,常有日本要人到大孤山山庙。1944年秋,日本佛教代表团八九人到大孤山住了两天,

---

① 据孤山镇《资料调查集装》主卷(8)第十章75页载:"放置在神像背后的安部仲麻吕纸制牌位系与胡然方同庙同辈道人梁然文亲眼所见。文管所所长兰仁良造府查询,事实准确。"

参拜了"安部仲麻吕"像。

1945年日本投降后,胡然方为了掩盖自己的所作所为,派徒弟孙是家放倒安部仲麻吕的石碑,① 砸碎了安部仲麻吕的坐像,拆毁了安部仲麻吕庙,将刻有"安部仲麻吕之遗迹"的石碑的字面朝下垒在一个小山神庙下。这块石碑于1983年修建大孤山庙中被发现,又在原处立了起来。

据孤山镇镇志收集员戴家盛整理的《大孤山镇情叙略长篇(长篇)》② 记载:笔者(戴家盛)于1949年秋任教于安东县黄坎区老爷庙学校,寄宿和代伙(食宿)于胡然方的大徒范是中家中的南屋。是年的深秋某日九时许,忽听有人敲庙门(其徒是老爷庙的主持者),正在熟睡的范是中醒后,披衣开门,见是其师傅胡然方躺在马车上,由其妻(胡然方为天师派,即伙居道,可以娶妻)陪伴,外有车夫一名。由范是中、车夫、其妻和我亲手将胡然方抬入范是中的卧室,师徒二人叙旧至翌日晨时。至今我还记得胡然方与其徒范是中的对话。当时胡然方以微软的叹声对其徒弟说:"我现在病危,必死无疑,我直言相嘱,我的一生既没有害人,又没有出卖爱国人士,半辈子精励治庙。亏心的是,屈于日本人的压力,为了取宠日本人,树了安部仲麻吕的石碑,修建了安部仲麻吕的小庙,公安局说我是汉奸被捕……"

胡然方于1947年定为汉奸罪被判无期徒刑,后因病保外就医,次年春死在菩萨庙家中。

胡然方为了讨好日本侵略者而一手炮制的伪遗迹——安部仲麻吕之遗迹碑,在数十年后已成为一个供后人品评的真遗迹。

---

① 张所文. 民间俗闻稗考(下册)无出版社,59.
② 孤山镇人民政府. 大孤山镇情叙略长篇(初稿)[M]. 卷五. 手抄本未出版. 39-40.

（二）曹雪芹孤山写红楼的传说

当地传说我国古代四大名著之一的《红楼梦》是曹雪芹在大孤山镇东大于村曹堡和大孤山山上庙中写成的。孤山曹姓与曹雪芹同族同宗，书中内容的部分素材就来自大孤山。

东港市孤山镇居民曹祖义通过二十多年的研究，提出了《红楼梦》是在大孤山写成的观点。

文化程度不高的曹祖义，逐字逐句研究《红楼梦》。1993年，曹祖义开始撰写研究文章，1997年，他的第一篇红学论著寄给了中国红学会副会长胡文彬先生，得到了赞许和肯定。1998年11月，由胡文彬推荐，曹祖义参加了全国红学研讨会。2006年，他的专著《红楼梦与大孤山》[①] 一书正式出版。

曹祖义对曹雪芹家族源脉的考证十分繁复，绝非三言两语所能解释清楚。但在曹祖义看来，当年曹雪芹与他做的是同一件事：曹雪芹当年秉承他叔叔（用曹祖义的话说，此人就是"脂砚斋"）的愿望，写了这部《红楼梦》，实际上就是想把他们家族百年的风云历史记录下来。曹雪芹在大孤山用了十年时间写成了《石头记》，真实地记录了他们家的历史，目的就是不使家族的历史消失湮灭。曹雪芹在《红楼梦》第五十一回中，用诗谜的方式，按照大孤山曹大汉的家谱，把他们家的家谱补在书中，这就是被喻为千古奇迷的《十首怀古诗》……曹祖义还认为，曹雪芹根据大孤山石人的传说，把书名改成了《石头记》。

《红楼梦》完成于东港大孤山虽然是曹祖义的一家之言，但国内红学界质疑的声音目前并不太多。

---

① 曹祖义. 红楼梦与大孤山. 北京：中国文联出版社. 2006.

图3-9 民间传说：雪芹写书（浮雕）

三、战争遗迹

（一）甲午海战主战场①

大鹿岛因其特殊的地理位置，历来为兵家必争之地。明崇祯年间（1628—1644），辽东总兵毛文龙曾在岛上驻守，抵抗后金入侵，率众将士立下"指日恢复金辽，吾侪赤心报国"的誓言，岛上立有碑碣，世称"毛文龙碑"。岛上主峰上的明朝旗语台、西山上的明代炮台、山巅海滨之间的石砌马道以及发掘出土的大刀、头盔、炮弹等，无不铭刻着昔日的烽火。

1894年9月17日（农历甲午年八月十八日），在孤山镇以南的黄海海面，发生了震惊中外的中日甲午海战。从中午12时开始到下午5时，由清朝海军提督丁汝昌率领的北洋舰队8艘舰船与日本海军中将联合舰队司令伊东佑亨所率12艘舰船，展开了

---

① 此部分内容主要参考：孤山镇人民政府．大孤山镇情叙略长篇（初稿）[M]．卷三．手抄本未出版．160-165．孤山镇人民政府文物保护材料《甲午海战无名将士碑》，孤山镇文化中心提供．

一场空前绝后的海战。

海战中，北洋舰队的"超勇"、"扬威"舰中弹起火。"超勇"沉于距大鹿岛以南16海里处，"扬威"沉于距岛仅5海里的海面下。而"致远"、"经远"和"济远"舰则被日舰隔出圈外。最后，"经远"舰在鹿岛以东海面被击沉。"致远"中弹最多，在船身倾斜、弹药将尽的时刻，管带邓世昌毅然下令开足马力，向日舰"吉野"撞击，欲与敌同归于尽，不幸被日舰连发三枚鱼雷中的一枚击沉，全舰250名官兵壮烈牺牲。这一改变大清"天朝"命运的海战，中国损失"致远"、"经远"、"超勇"、"扬威"、"广甲"五舰，官兵死伤836人。日本海军五舰受重挫，侥幸无一沉没，官兵死伤298人。

战后，大鹿岛的渔民将四周漂浮的百余具北洋将士的尸体掩埋在岛上，四时拜祭。

"七七事变"后，东北大部沦陷，日本人再次入侵大鹿岛。1938年，日本人从大连带来潜水员和机动船来到大鹿岛，要拆除在"甲午海战"中沉没在大鹿岛南面海域的沉船。日本人在海上拆舰达两年之久，将能拆的部分都拆下来，包括火炮、航海仪器以及贵重物品的钢材，堆放在鹿岛东口的码头上，往日本国运输，当时岛上的东口钢铁堆积如山。

在拆舰的潜水员中有位中国大连人，叫王绪年，人称"王把头"，50多岁，身体健壮，当时住在大鹿岛于景言家中。他们来岛作业的第一天，日本的潜水员下水后就没上来，死在海里。王绪年技术很好，他就一个人干两个人的活儿。他每月的工资是360元，按当时的水平，他一个人的月收入是岛上一个渔民四年半的收入。

有一天，王绪年从海上作业回来，手里拿着一块直径约一尺呈椭圆形的铜牌子，上面写着"致远"二字。他向岛上居民说："这就是当时被日本人击沉的'致远'舰舰牌子"（这个牌子，岛上居民李桂斌在参加拆舰时，也亲眼见过。）

王绪年因在海上作业时受到风寒，回岛后就病倒，连续两天无法出海。左右邻居探望他时，他向探望者说："我在海底作业时，在"致远"舰的指挥舱里发现了一具骸骨，现在一闭眼就看见他，是不是被他见怪了。"探望者有的说："那肯定是被死者见怪了，因为我们都是中国人，你帮日本人拆舰，岂能不见你的怪？"还有人说："你不如买些香纸到海边烧一烧，许个愿，也许病能好。"王绪年就按照众人的说法，在海边向沉舰的方向烧了香纸，并许愿病好之后，一定下海把舰舱中的骸骨请到岛上来，好好安葬，以慰英灵。

　　等王绪年病好些下海作业时，将骸骨装入了事先准备好的布口袋里，带回鹿岛，找来李桂仁、于永灵等一百多名渔民，摆上香案，举行了隆重的安葬仪式，将骸骨安葬在东口南山坡上（大鹿岛居民称为哑巴营），这就是今天的"甲午海战无名将士墓"。从此，鹿岛渔民按当地习俗，每逢年节，都到这位无名将士墓墓前烧香烧纸，以示纪念。

　　1988年，东港人民政府把这座墓迁到了东口南山的北坡上。大鹿岛人民为"致远"舰上的遗骨新做了一口棺材，挑选质地最好的木料，请岛上手艺最好的木匠制作的。墓前立了块碑，墓碑正面刻下"甲午无名将士墓"，墓碑后还写了碑文。后来据来岛的一些专家、学者见解：一般的士兵是不能进入驾驶室的，从那里打捞上来的骸骨很可能就是邓世昌的，于是就将"甲午海战无名将士墓"改为"邓世昌墓"。后村民又自己集资20万元建成6米高的邓世昌雕像。

　　但是，大鹿岛岛民将"甲午海战无名将士墓"改为"邓世昌墓"这一做法并没有得到上级政府认可。东港市文物管理所在《关于大鹿岛设立"邓世昌墓"碑的函》[①]中认为："在无名将士

[①] 此处主要看考：孤山镇政府《文物保护材料》，孤山镇文化中心提供。

墓前设立一通'邓世昌墓'碑，我们认为不妥。其理由有三：一是将此墓定为邓世昌墓历史依据不足；二是与原东沟县人们政府公布的名称（甲午海战无名将士墓）相悖；三是在文物保护单位的保护范围和建设控制地带内立碑必须经原公布单位批准和上级文物行政管理部门同意。"

现在当地政府和各方有识之士正在积极筹建"甲午海战纪念馆"。

（二）抗美援朝基地

丹东与朝鲜毗邻。孤山镇的大孤山机场在抗美援朝期间发挥了巨大作用。大孤山机场占地约千亩，使用年代为1951—1954年末。机场跑道由钢板铺设。1952年2月10日，战斗英雄张积慧就是从这个机场起飞，击落了号称"二战美军王牌飞行员"戴维斯驾驶的侵朝飞机后，又安全返回降落于孤山机场。嗣后，空军部队在孤山镇隆重召开了庆功大会。

大孤山雷达站，使用年代为1952年2月—1998年10月。坐落在大孤山顶高处，1952年2月，雷达兵202团属雷达连进驻此站，9月10日团部由沈阳移驻安东市。1961年10月6日，国民党空军P2V侦察机窜入辽东地区，孤山雷达站连续提供准确情报，致使P2V侦察机飞抵庄河县上空时，被高射炮兵部队击落，中央军委为孤山雷达连荣记二等功。1998年10月该部移防外地。

四、民风民俗

东港市孤山镇民风民俗颇多，每一俗，都有必须墨守的严格规矩。诸如商家俗：商店、饭店、旅店开业时，亲友、同仁、朋友以屏联或钟、镜等物恭贺开业大吉；婚姻俗：成亲时多由媒人介绍，须经过看媳妇、定亲、下柬、选日子等过程；祝寿俗：孤山地区俗有"六十六,不死掉块肉"之说,因而老人逢66诞辰,儿女要给老人包66个饺子,意为补上所掉之肉,使老人转凶为吉,还有"七十三、八十四,阎王不叫自己去"一说,逢此两年诞辰时,更为隆重;丧葬俗:人死后,要招魂、送浆水、报庙、挂岁数纸、开光、接祭、送盘缠、扎阴阳宅、辞庙、出殡、葬后有送水、圆坟、烧七、百日、周年,到三周年时为最后的仪式;食俗:如称黄米为元米、稗米为吉米、蒜酱为义和菜;居住俗:称门窗朝南的住房为正房、东住长辈、晚辈居西、室内皆火炕,农村居民习惯将猪圈、厕所置于院子西侧,草垛、水井在东侧;同一排房屋,不准抢前,中间的房屋不能高于或低于两边的房屋,山墙不准对着院子等;船家俗:出海时船上不准坐七男一女,因为八仙过海时,八仙与龙王在黄海海域闹翻了,在船上不背手、不打口哨,不准把筷子放在碗上,不准坐"大柱子"等等。关于船家俗将在第四章《孤山镇妈祖信俗的地方特色》中详细介绍。①

辽宁省东港市孤山镇民俗活动一览表

大孤山天后宫海神娘娘(妈祖)祭祀巡游	大孤山药王下山祭典
大孤山火神庙会	大孤山祈雨仪式
大孤山七夕"乞巧会"	《老鼠嫁女》游戏
四月十八日、二十八日大孤山庙会	正月十三日沿海渔民放海灯

(一)大孤山天后宫海神娘娘(妈祖)祭祀巡游活动

大孤山天后宫妈祖为福建湄洲妈祖的分灵金身,由东港市妈祖文化交流协会于2008年5月14日自福建湄洲恭迎至大孤山天

---

① 孤山镇人民政府.大孤山镇情叙略长篇(初稿)[M].卷五.手抄本未出版.

后宫。大孤山天后宫于1763年建成后,曾举办过祭典活动,随着岁月流逝,此活动已中断半个世纪。2008年5月22日上午7时,由主祭人、陪祭人及万余名群众恭请妈祖步下神坛,妈祖銮轿经戏楼广场短暂祭拜后,沿街巡游,为四方黎民赐福,至9时到达大孤山码头,在码头海边举行了隆重的祭典,祭祀人将供品投入大海,以飨海神娘娘,然后护卫銮轿回殿。目前,大孤山天后宫海神娘娘(妈祖)祭祀巡游已列入省级非物质文化遗产。①

(二) 大孤山药王下山祭典

大孤山药王庙(殿)建于1832年,建庙后,每年农历四月二十八日,药王庙会也就开始了。庙会那天早晨七点,从医者及男女病愈者来药王殿焚香还愿后,由主祭人把药王神像请上轿,銮驾下山。下山先到东马道瘟神庙打个停,然后抬着药王神像走上大孤山街头,边走边向街上行人散发药方和药物,这些东西一律免费。游行中,各大商家、门市都燃放鞭炮,叩头、给赏钱。②

(三) 大孤山火神庙会

大孤山的火神庙会,起源于清朝中期,持续到20世纪50年代初期。每年正月二十九日火神庙会那天,由大孤山商会出面组织各大商家,出人出钱,组织火神队伍,朝拜火神。聚集在火神庙前(观音庵西南山下),请出火神牌位,抬到桥内,銮驾上轿。最后銮驾到戏楼,请出火神牌位,摆上祭品,入夜,把鞭炮铺于

---

① 孤山镇人民政府《关于申报国家级历史文化名镇的请示》,2009年3月,孤山镇文化中心提供。

② 孤山镇人民政府《关于申报国家级历史文化名镇的请示》,2009年3月,孤山镇文化中心提供。

戏楼的戏台边沿，点燃，各大商家都燃香火连，张灯结彩。①

(四) 大孤山祈雨仪式

旧时，大孤山如遇大旱年，家家贴"龙王马"于门上，瓷花瓶插柳枝，挂门两旁。大人扎草龙游街求雨，小儿塑泥龙，向龙王祈雨。祈雨队伍从龙王庙（摆渡口上滑石山）出发，队伍前面是地方长官带领人民代表（大约100人），身体彩绘文身，扮成鱼、鳖、虾、蟹状，光着脚丫，头戴柳枝编成的帽圈，手持柳枝蘸水向空中挥洒。接着是草扎龙，由4—10人用木棍擎着，后面则是两人扮旱魃，用绳索系在龙的颈部，牵行游街，在后面是8人抬轿，轿内是关老爷神像。②

(五) 大孤山七夕"乞巧会"

清朝道光年间，大孤山闺秀小姐在农历七月初七晚上，都要出来"乞巧"。农历七月初七为七娘娘生日，七娘娘就成了少女的保护神。七月初七晚上，庭院前桌上，除了供胭脂、香粉这些女孩子喜欢的东西外，还有蜂蜜、冰糖、芝麻和用米粉搓成的圆子，以及鲜果之类。但主要是"七娘亭"、"七娘轿"、"七娘灯"。"乞巧会"现在很少有人看到，乃是闺中少女们的事情，古俗以鲜花、香粉、瓜果等在庭院中供祭，在月光中用彩线乞巧，若一穿便进，便以为是得巧，同时将供毕香粉、鲜花等抛向屋顶，若有粉末、花瓣落在脸上、身上，便以为她会"越长越美"。③

---

① 孤山镇人民政府《关于申报国家级历史文化名镇的请示》，2009年3月，孤山镇文化中心提供。

② 孤山镇人民政府《关于申报国家级历史文化名镇的请示》，2009年3月，孤山镇文化中心提供。

③ 孤山镇人民政府《关于申报国家级历史文化名镇的请示》，2009年3月，孤山镇文化中心提供。

（六）《老鼠嫁女》游戏

老鼠嫁女游戏，大约在20世纪50—60年代，大孤山地区很盛行。此游戏起源于一个民间故事：说的是很久以前，一只老鼠生了一个漂亮的女儿，总想嫁给一个有权势的人，找了这个找那个，最后选定了猫做新郎。此游戏很是热闹……①

（七）四月十八日、二十八日大孤山娘娘庙会

新中国成立前，每年农历四月十八日为娘娘庙会，善男信女、八方商客云集大孤山下庙和戏楼广场赶庙会、烧香、拜佛、酬神、祈福、还愿，掺杂一些狮舞、戏曲、杂技、跑马戏、打趴戏、卖艺表演。四月二十八日为药王庙会，规格不及四月十八娘娘庙会，善男信女云集上庙，还愿上香，求药王保佑。同时举行药王下山祭典活动，抬着药王神像走上街头，边走边向街上行人散发药方和药物。

新中国成立后，庙会变成物资交易和文化活动场所，参加商贸活动是每年的农历四月十七日至十九日三天，有河北、山东、江苏、黑龙江、吉林六省30余县市的人前来交易。据县志记载，1980年该庙会的成交额在100万元以上，参加人数达40万。②

（八）正月十三日沿海渔民放海灯

农历正月十三日，为海神生日。传说中的海神是"禺强"，"禺强"是传说中的海神、风神和瘟神，也作"禺疆"，是黄帝之

---

① 孤山镇人民政府《关于申报国家级历史文化名镇的请示》，2009年3月，孤山镇文化中心提供。
② 孤山镇人民政府《关于申报国家级历史文化名镇的请示》，2009年3月，孤山镇文化中心提供。

孙。海神禺强统治北海，身体像鱼，但是有人的手足，乘坐双龙头。他乐于助人，是非分明，是一位始终以自己的力量来捍卫正义的正直之神。他能保佑渔民一帆风顺，岁岁平安。所以，也就有了渔民对海神"禺强"久远的敬仰和膜拜。在黄海北部海岸，每逢正月十三日，渔民家家户户总要给海神"禺强"送海灯。旧时送海灯都是用黄豆面捏的，日落潮满时，才是放海灯的时辰。家家户户把海灯点好后放到水里，海灯随着潮水和冰排渐渐远去，很是壮观。送海灯的人便说："海神收灯了，等着收海吧"。①

广大渔民有个误区，直到现在渔民们仍然视海神"禺强"为"海神娘娘"。其实他俩是两位神，一位是黄海之神——"禺强"，一位是南海之神——妈祖（海神娘娘）。至于为何出现海神混淆的现象，笔者将在第六章《思考：民间文化的标准化、再标准化与整体性保护》中进行理论探讨。

第三节　现代文化

一、民间艺术

1920 年，大孤山开始放无声电影，以后，有了照相馆、书店、学古山房、绘画、书法、剪纸等艺术不断涌现，孤山的版画、剪纸、农民画等享誉全国。

在绘画方面，清末民初孙友三、刘先溪画的"梅花"、"八哥"，李春洋画的"人物"，都远近闻名。20 世纪，画家邵宇（原中国美术家协会常务理事、书记处书记、《人民画报》总编

---

① 孤山镇人民政府《关于申报国家级历史文化名镇的请示》，2009 年 3 月，孤山镇文化中心提供。

辑,《人民日报》美术组组长、人民美术出版社社长等职),梁栋(中央美术学院版画系教授,《版画世界》副主编等),王绪明等为孤山绘画史又添上了浓重的一笔。

"一纸之巧夺神功"的孤山民间剪纸艺术源远流长。每逢佳节或婚嫁喜日,家家洁白窗户上都贴上了红色的剪纸。孤山人把山东、山西剪纸玲珑剔透与北方剪纸深厚粗犷有机地结合起来,形成大孤山地区独特的艺术风格。有百余幅剪纸作品参加全国及省市级展览,并获奖,百余幅剪纸作品漂洋过海到日本展销。

20世纪70年代,孤山镇沙屯村农民李德甲、崔波等13人自发组成了沙屯村农民版画创作小组,在画、刻、印等表现方面锐意求新取得了可喜的成果。几十年来,他们创作版画作品2000余幅,有20幅作品出国展览,20多幅作品参加全国展览并获奖,20余幅作品参加省级展览并获奖。1991年孤山镇被丹东市文化局授予"丹东市版画创作基地"。

自1981年以来,孤山连续12年举办了14期农民画培训班,培养民间绘画人才105人,创作农民画作品千余幅。其中出国展览作品118幅,获国际大奖4幅。参加国家、省级展览96幅,获奖33幅,国家美术馆、博物馆收藏35幅。从日本、澳大利亚、瑞士、瑞典、挪威、俄罗斯等国,到处可以看到孤山农民画家的作品。1986年农民画家张坤随辽宁妇女代表团出访了美国,1990年张所文被中华人民共国文化部授予"全国民间绘画画乡优秀辅导员",1991年孤山镇被丹东市文化局授予"丹东市农民画创作基地"。

孤山镇的书法家们的书法艺术风格独特,分别在全国及省市占有一畦之地。其代表人物,清末到民国时期,有马渭夫、马愚夫、胡润滋、孙守愚、刘庆山、孙德奎。新中国成立后有邵宇、李宝盛、王秉宸,改革开放后有孙致敏、李德成、肖光豪、李树强、孙万民等30多人。其中王秉宸多次参加全国及省、市书展,

2001年以来国，在全国大赛中获了3银11金，并获得国家级书法师称号，孙志敏书法荣获"千年和平金奖"，并由人民日报出版社出版了《孙志敏书法集》。

二、群众文化

（一）文学创作

文学创作更是孤山值得一提的佳绩，以小说创作见长的孤山文化分馆副研究馆员高长远，曾在人民文学出版社及《鸭绿江》、《参花》等报刊发表文学作品70余篇，鉴于他在文学创作上的成就，曾被丹东市文化局授予"优秀文艺工作者"称号。其文学作品集《协奏方阵》，由吉林摄影出版社出版。以散文及散文诗创作见长的孤山文化分馆馆长张所文，20世纪60年代就在《辽宁日报》发表散文诗作品，其散文诗集《男人独白》由香港天马出版有限公司出版，散文集待出版。以儿童诗创作见长的盛安世（戈笑），已经在全国十几家报刊发表儿童诗300余首，有儿童诗集《童年的摇篮》、《鱼篓里的童话》、《水乡蛙鼓》出版。

（二）民间文学搜集整理

孤山镇的民间传说很多，最有代表性的有"南蛮慧眼相山挖棒槌"、"杨贵妃取道孤山东渡日本在此落脚"、"日本学者安倍仲麻吕渡东瀛海遇难在此登岸逃生"、"《红楼梦》在孤山写成"、"曹大汉陪伴曹雪芹写《红楼梦》"、"孤山女神童朱丽传说"等等。孤山文化分馆馆长张所文利用40余年从事民间口头文学的搜集整理工作，现已出版有《民间俗闻稗考》上、中、下集，特别是东港市委、市政府领导对张所文40余年来工作的认可，特从他出版的《民间俗闻稗考》上、中、下集里精选了讲述东港的人物、风物、故事、传说、神话、地名等文章独立成册，以《东港俗闻稗考》编入"东港市文化系列丛书"之中。另有《张所文民间故事集》上、下册待出版。

(三) 群众文化理论研究

群文理论研究,是一门专门研究群众文化活动,群众文化事业和群众文化工作及其活动规律的一门综合性的科学。在孤山群文理论的研究中,不能不提出两个重要人物,那就是孤山文化分馆副研究馆员高长远和馆长张所文。1997年5月,辽宁省群众文化学会权威专家孙牧在《辽宁省群众文化论文选》(丹东专辑)序言中说:"在丹东市的理论队伍中,全国群文理论界有影响的学科带头人,如……高长远;有在全省有影响的理论骨干,如……张所文"。高长远著有论文集《燧石集》、张所文著有论文集《丹东群众文化论文集·张所文专辑》。

1. 泥塑

孤山镇的泥塑远近闻名,具有很高艺术造诣的大孤山古建筑群里的泥塑,就出自民间泥塑艺人于瑞五之手。而曹慧芳自幼拜于瑞五为师,不但继承了于瑞五的风格,而且有所发展和创新,他所泥塑的《红楼梦》、《西厢记》等人物群像逼真,栩栩如生。1989年《丹东日报》以"孤山泥人曹"为题,报道了他的事迹和成就。

2. 业余京剧活动

新中国成立前来大孤山的演戏班子很多戏楼后台题壁至今可辨。当时四大徽班之一的"京都顺天府三庆班"就到过大孤山演出。如今,大孤山业余京剧队伍由过去的十几人增加到40多人,他们活跃在大孤山每个角落,为孤山镇的京剧戏迷带来了无尽的欢乐。

第四章 孤山镇妈祖信俗的地方特色

自宋代以来，妈祖信仰得到历朝统治者的允准，得以列入标准化祀典。同时，随着时空的转换，妈祖信仰又被不断地方化。女神妈祖从一个区域进入另一个区域，总会因地不同而发生变异，总会与当时当地的地理、历史、社会、文化相融合，成为地域传统文化的有机组成部分。妈祖信仰强大的生命力即来自于标准化和地方化两种力量的交互作用。大量研究表明，妈祖信仰离开莆田四向传播以后，多与各地原有巫术信仰相结合，从而产生具有当地特色的天后信仰和地方性传说。这类传说的功能，是拉近妈祖与当地人之间的距离——神是自己的乡亲，会使人觉得更亲切、更可信。

本章主要介绍孤山地区妈祖文化的地方特色。

第一节 妈祖坐骑：海骆驼

孤山地区渔民认为，天后娘娘是骑着海骆驼从福建湄洲来到此地。本地渔民船夫不熟悉来自福建莆田的妈祖，但通过海骆驼，双方有了共同的语言。于是孤山人接受了妈祖，并把妈祖当作自己的保护神。至今，大孤山天后宫里供奉着一件奇特的"古铜塑"，即为天后的坐骑"海骆驼"。"天后就是坐着海骆驼从南海来到渤海……海骆驼仰着脖子嘶鸣，四脚踏着海波生烟，水波卷起了一支花束，托着天后的双足。天后是那么静谧慈祥，任凭海骆驼向前行进……"①

巧合的是，沿着大孤山山门的青石路北行至第一个拐弯处，往前走不足 10 米有一健身园，园里有一石，石高不到两米，长不到 3 米，宽不到 1 米，形似骆驼，当地人称骆驼石。

东港作家张涛先生在他的散文集《孤山独白》中有《骆驼石》一文，文中对骆驼石有这样的描写："特别是上午九点至十点钟时看……果然就是一峰骆驼。缩蹄收尾，栖于地上，背上前峰高后峰低，又随意地微微朝一边倾斜，而且，口、鼻、目、耳，轮廓清晰，特别是临街的一只鼻孔，活活有气嘘出来，连石头的颜色，也一如驼毛般的灰黄。那骆驼似乎经过了漫漫的长途跋涉，累了，就静静地歇下，歇得平和而安详……九点钟至十点钟又去，阳光下，真真就是一只骆驼了，似乎呼一声，就会站起来。"②

此石原深埋地下，1988 年被发掘而出，卧于山脚，当为大孤山景区迎客第一景。

第二节　放海灯

放海灯是当地古老的祭祀海神习俗，它与其他灯节紧密联系在一起。"正月十三为海灯日，照海神；正月十四为蚕灯日，照蚕神；正月十五为人灯日，照顾人；正月十六为地灯日，照地神"。③

孤山文化深受齐鲁文化影响，孤山地区的妈祖信仰最初也是

---

① ［日］端木蕻良. 海骆驼赞. 随笔.1987（3）.
② 张涛著. 孤山独白［M］. 北京：民族出版社，2000.62.
③ 张所文. 海神娘娘与海神. 未公开发表.

由山东移民（及南来商人）带来。因此这里的妈祖信仰既有本土特色，又有南方特点。在结合本地海神信仰的基础上，东港地区的渔民在漫长的历史中逐渐认为正月十三是海神娘娘的生日，并在那一天为海神娘娘放海灯。孤山地区正月十三放海灯的习俗至少有二三百年的历史，至今当地流行着独具地方特色的"四大海"的祭祀方式。

"四大海"祭祀的产生没有准确的时间，据说是清朝咸丰年间。那个时候，渔民对"海神娘娘"非常虔诚，每逢海神娘娘的生辰，人们都跳秧歌祭祀娘娘。渔民将鱼龟虾蟹等扎成模型，然后穿着模拟水族动物的服饰并模仿水族动物姿态舞蹈，祈求一个风调雨顺的丰收年。

每年的正月初十左右，孤山地区各海岛的渔民及沿海的百姓家家户户开始扎制海灯。传统海灯用木板、荆条、秸秆（高粱秆、玉米秆）扎制。用木板制作的海灯通常以刻出船形为主，刻出船体部分、船楼，安上船舵、桅杆即可，然后再放上蜡烛。使用秫秸扎法是将选好的秫秸、荆条取直，先打船体骨架，然后用五彩纸糊船体，描画和剪刻图案加以装饰。据小岛村渔民介绍，他们春节的时候会在船上贴春联，放炮，奉上饺子等祭品。正月十三行猪头大供给，让海神娘娘享用，以图平安吉利。

为什么孤山渔民认为正月十三是海神娘娘的生日（其他各地妈祖信徒皆认为农历三月二十三为妈祖诞辰）？并在正月十三为海神娘娘放海灯？本书第六章对此有具体的分析。

妈祖正统的诞辰（三月二十三）和忌日（九月初九）的确定，日本妈祖专家李献璋有一个推测。他认为妈祖诞辰及忌日的确立与元明的漕运有关。漕运是春天三月发船，夏天漕运结束，秋九月朝廷答谢天妃，在元代就已经形成了传统。为了适应这一节奏，于是产生了春三月二十三日及秋九月九日祭祀天妃的习惯。虽然徐晓望认为"漕运与妈祖诞辰无关"①，但是他也从海边人们的生产生活来探讨天妃诞辰及忌日的确定。徐晓望认为："应从闽人的航海习惯去探讨天妃诞辰及忌日的确定。从福建所在东海海域来看，三月与九月是南北季风转换的季节。三月，冬季已过，暖空气从南海北上，越来越强烈，迄至三月二十三日前后，已经形成稳定的北上气流。这一季节乘船北上是最好的。而九月初九，也是北风南下的转换点。此后的东海上，会有长达几个月的北风，适宜南下航海。古代闽人以海为生，他们春天北上江南与渤海，秋天南下东南亚诸国，行前都要祭祀航海之神妈祖，所以，春秋二祭也适应他们的航海生涯。"②

顾炎武说"天下没有不变的风俗"。妈祖信仰作为一种非物质文化遗产，它的传播注定是一种活态流变，是继承与变异、一致与差异的辩证结合。在它的传播过程中，常常与当地的历史、文化和民族特色相互融合，从而呈现出继承和发展并存的状况。东港地区在正月十三时处于农闲、渔闲时期，这一时期常常有较多民俗活动，因而在民间，正月十三被误认为是海神娘娘生日。至于为何是正月十三而不是其他日子被误认，请见本书第六章的分析。

总之，无论妈祖诞辰及忌日的确立是与元明的漕运有关，还是与闽人的航海习惯有关，有一点是肯定的，就是妈祖祭祀活动都与当地人民的生产生活密不可分。

第三节 天后宫建筑风格

大孤山古建筑群，是辽宁省保存最完整的集佛、道、儒三教

---

① 徐晓望．妈祖信仰史研究［M］．福州：海风出版社，2007.32.
② 同上。

合一的清代中晚期大型宗教建筑群落。古建筑群整体建筑形成一个巨大的繁体"寿"字。建筑群风格集南北方古建筑特色之大成,既有中原明式特点,更具有鲜明北方满族民居的结构特点,是中原汉文化与东北满族文化的完美结合。古建筑群布局紧凑、错落有致、工艺精湛,佛、道、儒三教共和、聚于一体。殿内壁画,描绘了大量佛教故事,人物造型栩栩如生,层次分明,构图严谨,造型美观,气韵舒展,线条勾勒细腻流畅;设色精当,色调雅致,既有通常佛教绘画风格,又有文人画作之雅气。建筑物上的各类砖雕、木雕,更是别具匠心,既有江南明代砖雕细腻刀法、严谨的结构布局、完美的造型、流畅的线条,又具有北方文化雄浑的神韵。

大孤山寺庙台阶的设计颇为讲究,它的设计与中国神秘数字有关。比如,玉皇殿设有九级台阶。"3×3"是一个最大的阳数,它在《易经》中占有重要地位,被列为第一卦。"九"还象征着"五行"。我国最早的百科全书《春秋》中,解释万物的学说中说:"天有九野,地有九州,土有九山,山有九塞,泽有九薮。"神话中的大禹,曾命令九条龙开出九条大河,他巡视九河并测量河道后,将领土分成九州,每一州又进一步分成更小的九个部分。与九州相关联的,是在汉代出现的"九泉"概念,暗示着地狱有九层。旧北京城根据风水先生的建议建成,在中央是神圣的宫殿,然后辐射出八条道路,将全城分为九块。古代建筑师们在玉皇大帝殿布九级台阶,象征着玉皇大帝在我国民间宗教中是至上之神。正是从这种看似不经意的"九"里,显示了中华传统文化无处不在,也正是这种无处不在的传统文化的象征,造就了孤山古建筑群的深厚文化内涵。

天后宫前殿三十三级台阶,"三"如所有的奇数一样也是阳数(阳性的),它在我国民间宗教思想中是一个很重要的数字。从最基本的三位一体——天、地、人(三才)之中,发展出了大量的三位一体,"三"的倍数构成"九","三"也被崇尚,"三宝"指药师佛、释迦牟尼、阿弥陀佛,有时也指"佛、法、僧";"三教"则指"儒、道、释;"佛经称作"三藏"等。天后宫供奉的是海神娘娘,海神娘娘生于三月二十三日,死于九月初九。由此推测,天后宫三十三级台阶,确实与海神娘娘生、死年月有着密切关联。

天后宫的砖雕、壁画,更叫人眼花缭乱,规格多不大,但雕画精致,简如一两竿竹,三四叶兰,繁如"麒麟送子"。天后宫的木雕也颇具特色,请正殿门扇上的雕刻,刀法纯熟,线条流畅,堪称精品。天后庙戏楼和孤山古戏楼之间的开阔地带,能容纳上万名观众。[①]

第四节 天后宫匾额

孤山天后宫不仅以博大宏伟闻世,也以匾额著称。其中"永庆安澜"匾是天后宫匾额中的精品,出自清朝光绪时期左宗棠的手笔。左宗棠是光绪年间的军机大臣、两江总督,这块匾额是他于光绪十一年(1885)所写。就在题写"永庆安澜"巨匾的当年,左宗棠以七十四岁高龄逝世于福州,此匾当是他的绝笔。而卷棚中间的这"毕恭敬止"大匾,是天后宫遭遇大火重新修建的时候,当年镇里的大商号"茂升恒"为海神娘娘敬献。字体龙飞凤舞,刚劲有力。

"文化大革命"以前,孤山天后宫内有匾八十多块,现今仅剩4块,其余均毁于"十年浩劫"。据《大孤山镇情叙略长篇(初稿)》记载:"1966年6月3日上午,以孤山中学红卫兵为主

---

① 杨光主编.海角东港[M].北京:中国文联出版社.2006.43-46.

的千余人'造反大军'，仅用两个小时就把上庙、下庙殿宇内四百多尊像全部推倒砸烂，壁画全部用白灰水涂抹，二十七方石碑全部拉倒摔碎，天后殿内的80块匾全部摘下……"①

1966年8月，东沟县教育部门在地藏寺办了20天的千人大批判学习班，用拆下的匾额搭成床铺。学习班结束，又将八十多块匾额运到东沟和留存庙内，把匾额的题字砍去，锯成木材，为师训班和学校制作面案子、办公桌、立柜等。自此，从清代道光、咸丰、同治、光绪、宣统个年期来自山西、河北、长白山等地各界人士捐赠的各种木料制作的各类书题和匾额，近乎全毁。现在只找回八面匾额。②"永庆安澜"匾的幸存得益于当年一位老教师的远见卓识和政治智慧——他将该匾涂上黑漆，在上面书写毛主席语录，后又挂在教室的墙上当做教学黑板使用，这才幸免于难。

第五节　地方民间艺术融入妈祖祭祀活动

新中国成立前每年农历三月二十三妈祖生日这天，大孤山妈祖庙都会举行盛大的祭祀祭典活动。2008年后，当地妈祖公祭得以恢复。据孤山妈祖信俗传承人张所文介绍，大孤山当代妈祖祭祀祭典与其他地区的祭祀祭典有所不同，大孤山祭祀祭典活动由僧人礼忏诵经队、纸扎彩船队、旱船表演队、秧歌寸跷表演队、萨满音乐单鼓表演队及彩旗挥舞队等艺术表演队伍组成，彰显出地域文化特色，并且当地的民间表演艺术队伍阵容强大。祭祀巡

---

① 孤山镇人民政府．大孤山镇情叙略长篇（初稿）[M]．卷三．手抄本未出版．
② 孤山镇人民政府．大孤山镇情叙略长篇（初稿）[M]．卷三．手抄本未出版．140．

游队伍中，秧歌队有23支，共940人组成，包括鳖精、蟹精、鱼精、虾精、蚌精、跑驴（是一人执驴形道具扮骑驴妇女，另一人扮赶驴人的双人社火舞蹈）、八戒背媳妇、轿抬芝麻官等。满族单鼓表演队（男女各20人）表演行进动作。寸跷表演队3支，120人，包括八戒拜堂、三打白骨精、水漫金山等。

秧歌

东北大秧歌流传至今约有三百年的历史。杨宾所著《柳边纪略》载有《上元曲》："夜半屯姑著绮罗，嘈嘈社鼓唱秧歌，汉家装束边关少，几队口儿簇拥过。"说明早在280多年前，东北地区已有秧歌流传了。

早期的孤山人多由山东、河北移民而来，民间秧歌也随之传入孤山。民国元年（1912）元宵节，大东沟始有秧歌活动，人们扭秧歌耍狮子，欢度元宵节（《东沟县志》996页）。从孤山秧歌的表演形式和内容看，扮相与其他地方基本相同，在队形变化上尚保留着山东秧歌的队形，如"剪子股"、"卷心菜心"、"挂四面斗"、"龙摆尾"、"鸳鸯扣"等。在高跷的高度上尚有河北高跷的特点、高度0.5米至1.5米不等。

在19世纪末20世纪初的河北移民中，有不少天津人进入孤山，把天津高跷及舞龙艺术传入，并曾红火一时。在此前后的各地文化交流中，也使关内一些地区的"跑旱船"、"跑驴"、"灯官"、"舞狮"、"老汉推车"、"老少换妻"、"猪八戒背媳妇"等民间艺术融入东港秧歌表演活动之中，使秧歌表演内容更加丰富。

寸跷

寸跷，又称寸子，寸子秧歌，是孤山地区重要的民间舞蹈形式。寸跷的由来，尚无定论。20世纪80年代中期，东港市文化馆在开展对民间舞蹈资料的收集和整理的普查中，据著名秧歌老艺人何忠贵、刘华亭、邢文东、王凤山等人介绍：谓之寸跷，是因跷腿高度不过尺，仅六七寸，最高不过九寸而取名。是在早期地秧歌（或称"地蹦子"）[1] 的基础上演变而来的。据何忠贵说："最早听说寸跷可能与清朝宫廷内的嫔、妃、公主们脚下所穿的'抹子'有关（即嫔妃们所穿鞋底上有一寸左右正方木块的鞋）。[2]

寸跷的表演特点是："妞妞一条线，小丑两边串，傻子随便干。"整个舞步灵活，舞姿俊俏，风趣浓厚，场面热烈，情感细腻，特别追求浪、逗、哏、俏。

寸跷在清代和民国时期在孤山地区广为流传。之所以失传，是因跷腿矮，影响众人观瞻，加之河北等地高跷（二尺以上）流入及周边辽南高跷的影响，有因寸跷所扮演的人物多以丑角为主，挫伤演员爱美之心，造成不愿踩寸跷等因素而逐渐弃行，"寸跷在当地失传了已六七十年了"。[3]

20世纪80年代东港市文化馆在收集挖掘整理文化遗产工作中，经何忠贵、刘华亭等老艺人热心传授，终于在1985年春节时，将寸跷重新恢复原貌并录制下来，曾经成为孤山地区民间文化的一大亮点。

萨满单鼓表演

单鼓，俗称"烧香"，是广泛流传于宽甸、凤城、东港孤山等地的民间风俗活动。单鼓有"民香"与"旗香"之分。汉族的称为"民香"，满族和汉军旗人的称为"旗香"。

孤山单鼓是极具辽宁地域文化特色的一种典型文化形态。说

---

[1] 秧歌是中国（主要在北方地区）广泛流传的一种极具群众性和代表性的民间舞蹈的类称，不同地区有不同称谓和风格样式。在民间，对秧歌的称谓分为两种：踩跷表演的称为"高跷秧歌"，不踩跷表演的称为"地秧歌"。近代所称的"秧歌"大多指"地秧歌"。
[2] 杨光主编．人文东港 [M]．北京：中国文联出版社．2006.242.
[3] 杨光主编．人文东港 [M]．北京：中国文联出版社．2006.246.

唱结合，是单鼓艺术的基本表现方式；载歌载舞，是单鼓艺术的突出特点。单鼓中保留了极其珍贵的满族文化基因。同时，单鼓承载了大量丰富的丹东地域满、汉民族世代传承的艺术、民俗、文学、信仰等文化因素，因而具有宝贵的历史价值。自 20 世纪 50 年代起，为适应文艺创作的需要，东港市一些音乐舞蹈工作者深入民间搜集、整理单鼓艺术，并应用在创作实践中。20 世纪 80 年代以来，在全国大规模的民族民间音乐舞蹈集成工作中，东港市开始对单鼓艺术进行了集中的搜集、整理，并取得了可喜的研究成果，逐渐形成了全省单鼓艺术研究、创作基地。

一直对丹东单鼓艺术进行搜集整理的刘桂腾介绍说，在表演中，单鼓艺人常在活动中穿插演唱一些历史故事、民间传说、民间小调，如《唐王征东》、《孟姜女哭长城》、《茉莉花》等。单鼓在巅峰时，宽甸满族自治县民香单鼓艺人徐宗信、韩家林，岫岩满族自治县民香单鼓艺人鲁学良，东港民香单鼓艺人刑文中，凤城旗香单鼓艺人孙福君等人将两节鞭、打刀、霸王鞭、掰鼓等表演形式演绎得淋漓尽致。

第六节　地域情境中的妈祖显灵故事及传说

妈祖文化自宋代发祥，经元、明、清不断演绎，成为中华民族优秀传统文化的重要遗产。妈祖一生见义勇为、扶贫济困、无私奉献，是中华优秀传统美德的代表之一。至今，在孤山地区的渔民和普通民众中，仍流传着许多关于妈祖救难扶困的动人故事。在田野调查中，笔者访谈收集了一些妈祖显灵的故事和传说。

口述故事一：

1996 年，正月初六，早晨俺家你嫂子要回家（娘家）拜年。

我女儿当时六岁了,在这个岛上到陆地要走八里地,也就是四公里。冬天,正月时天气很冷,小孩小,走冰有水她不行,我就背着她。岛上早先有两个河流,我得把她背过去。背过去我本来想把她放下来,让她自己走,看那道儿确实不好走,我就把她送到对岸,那地方叫兴隆山,已经是陆地了。到那地方啊我就坐下抽根烟,坐了一会儿,完了我就往回走。走了一会儿,时间不长,我看那潮水就涨过来了,我看那海里冰往上走(那时不坐船,穿着水鞋,潮落了以后在海滩走,海滩上有冰,还有水,但是穿水鞋能走),那时我已经30多岁了,经验告诉我,我不能朝獐岛方向直走了,得往上游绕着走,我那时候穿个叉裤,当我来到河中间,我就后悔了,那个涨潮时的冰啊,流水推着那冰,把我都能推倒,那大冰块儿,一块儿一块儿的,有的能有上百个平方(米),如果把你推倒,你就起不来了,当时我非常害怕。我往山上望,那时离獐岛不太远,不足一公里,七八百米那样,山上还没有人,没有人就救不了我,于是自己给自己鼓点勇气,千万不能倒。我用侧面朝獐岛方向走,我用我的拐头(胳膊肘)砸一块冰,就挪动那么几十公分,我一边走一边喊:"海神娘娘救我!"(我砸冰的动作一直没停)。我随时都有被推倒的可能。这样我走了将近两个小时,这冰始终这么深(达胸口的高度),按照惯例,这水别说两个小时,就是20分钟,水就能超过我身高。我上岸以后,那水已经涨到岸上了。这是我大难不死,我当时还不信这些,我母亲找大仙儿看,说"海神娘娘救了你儿"。[①]

口述故事二:

我们要建妈祖庙,在陆地上请了个风水先生,那时候,能比现在早一些吧,大雾,站在岛上,能看到不足百米,也就几十

[①] 讲述人,獐岛村ZZY,年龄50岁。访谈时间:2009年8月。

米,连船都没法通行,但是风水先生还得来。当时我和村书记就要建在这个位置(手指后面的小山)。先生请过来,我和书记还有一个工头,俺们四个人,上这山上去了。风水先生说,这什么东西也看不着,风水先生说没法放罗盘(先生看风水时都拿个罗盘),盖庙必须是子午向,所谓子午向就是正南方向,我当时也是试验性的,我说我念叨念叨啊。我说:"老娘娘,今天啊,我请人来,请个先生来,目的就是把你请过来,给你安排个坐落,如果你有神灵,10分钟内,你让大雾散了,好给你放(罗)盘,打打向。"不超过5分钟,这大雾就散了,当时我们在场的几个人,身上都起鸡皮疙瘩了。这事儿,这几个人都看见了,我这么念叨,俺们书记和那个工头,包括风水先生,他们都觉得可笑,我念叨完了,雾确实散了,完了他们都觉得很严肃,不信都不行。等我们把活干完了,雾又渐渐地恢复原来的样子,又是大雾那样子了。①

口述故事三:

我们不是要修庙嘛,在大孤山把雕像修好以后,我们找了个小艇,因为雕像好几吨重,用车拉,放到艇上,再把他拉回来。那时是2000年农历初六,一般弄庙都在三、六、九这样的日子。我就在大孤山用车把雕像放到艇上以后,船对着沟口子这地方走的时候,天上就出现一道彩虹。我当时在孤山庙上请的尼姑给开的光,她说:"张村长啊,这就是佛光。"通常啊,佛光也好,彩虹也好,时间不会太长,当时船跑了2个多小时,我回来后,(把神像)从车上放下来,在位置上放好,等中间这一系列的过程结束,能有4个小时,这个彩虹仍然在天上。反正我整个过程

---

① 讲述人,獐岛村ZZY,年龄50岁。访谈时间:2009年8月。

都完了,都结束了,这个彩虹才消失。一切都非常顺利。①

口述故事四:
守这座庙,我们家已经守了好几辈子。从我的太爷爷开始……当年闽江会馆建了这座天后宫,其中的一个组织者名为陈应龙,太爷爷当年在朝廷做官,后来参加了义和团,不幸在暴乱中被打伤,陈应龙救了他,便安顿在天后宫内。因为周家为浙江人,于是太爷爷就开始逐渐担起了管理这座天后宫的责任,被称作住持。这么多年来,天后宫始终没有和尚也没有尼姑,我的太爷爷直到我爸爸,也一直是负责管理,顶多雇用一些退下来的做官人扫扫院子,做做杂活。

于是,从太爷爷开始,周家的住持位置就一代代传了下来,直到周蕴璞的父亲,最初,日本侵略者出面逼迫我父亲交出地契,因为他们看好了这块宝地,父亲誓死不从,日本侵略者就派来了特务,神不知鬼不觉地偷走了地契,然而就在交货的途中,被电车撞到,划破了肚皮,开肠破肚而死。地契就这样失而复得。

接下来,国民党反动派又盯上了天后宫,要父亲交出地契,父亲说,这天后宫是祖上一辈辈传下来的,而且是替人掌管,不是我们的东西,怎能拱手送人?由此,父亲被关进监牢,过了一段时间,托人找关系终于放了出来,不过就此以后,父亲始终郁郁寡欢,终日因天后宫而操劳、压抑,最后死于此。"我们祖祖辈辈一代代传下来,看管这天后宫,这已经成了一条祖训,无须交代,从我爷爷开始,倾家荡产也要定期对天后宫维修,这感情,是无法用言语去形容描绘的……后来,还是没能保住它,打仗那会儿,一群人蜂拥而来,把天后宫抢得成了个空壳,那时已

---

① 讲述人,獐岛村 ZZY,年龄 50 岁。访谈时间:2009 年 8 月。

然名存实亡……①

传说故事一：

小岛村南面的海里，横卧着一座圆形的礁坨，这就是圆山。传说，当年七仙女投海是，她身上带的那个圆形的护身符甩了出来，变成了这座圆形的山。

岛南坡有一座海神娘娘庙，高三尺，宽二尺，供有海神娘娘灵位。何时何人所立已无从考证。据说，小岛村内尚无人居住时，跑船的渔民就来此参拜海神娘娘了。庙内有一块刻有"海神慈母"四字的木匾。渔民出海或归来，都要登岛上香，祈吉祥、求平安。

凡海岛渔村，都有为海神修筑的神堂，题款大都是"妈祖娘娘"或"天后圣母"。独有圆山的海神庙，称作"海神慈母"。说起来，还有一个典故哩！

早些年，山东有一艘货船，从小岛装了货往海外开。行驶到圆山附近海域时，船主忽然听到一个女人在喊："转舵!"那声音好亲切，像自己的母亲。可是，母亲这当儿正在山东家，离这儿上千里，怎会听到她的声音呢？再说，海平天晴的，正好走船，干吗转舵呢？他仍命令船员扯蓬摇橹往南开。

"母亲"显然是生气了，声音拔高了八度，连喊两声："转舵! 转舵!"

他半信半疑，转舵调头，将船开进小岛船坞。刚下锚，天一下子就变黑了，跟着，龙卷风袭了过来，抱粗的大树拦腰折断，数百斤重的碾轱辘从"西北天"飞到"南洋子……"

风平浪静以后，船主登上圆山岛，寻找母亲。哪里还有踪

---

① 讲述人：周蕴璞。男，沈阳天后宫守庙人。材料来源于：http://hy-ly.5d6d.com/thread-5898-1-1.html.

影?找到岛南坡,被一块石头绊倒在地。他忽有所悟,知道是海神娘娘搭救他。便在原地用石头建起一座小庙。

因为这座庙与他母亲有关,所以,供奉的牌位上,写的是"海神慈母"。①

传说故事二：

天后宫"永庆安澜"匾额,是出自光绪年间军机大臣、两江总督左宗棠之手,是光绪十一年（1885）所写。这块匾额,遭遇了多次厄运,竟都能"死里逃生",人们说,这都是妈祖的神力庇护的结果。

甲午海战刚过,有两个日本商人,一个叫黑田,是个珠宝商；另一个叫龟田,是个文物商。有一次在大孤山登陆,做玩买卖,闲逛孤山庙。两人来到天后宫,龟田抬头望见悬在前梁上的"永庆安澜"匾,吃了一惊。这家伙多次来中国,什么样的匾没见过？唯独眼前这块匾,越看越眼馋。当天晚上,他和黑田俩硬说找不到宿处赖在庙里不走了。龟田让黑田陪看守天后宫的小和尚唠嗑（聊天）,一直唠到鸡叫头遍了。小和尚实在困得受不了,打着呼噜睡着了。龟田让黑田看住小和尚,自己偷偷摸摸地钻进天后宫,爬上前梁,摘下匾,与黑田两人抬着,摸黑下山,赶到海边,天还不亮,雇了一条舢板,让把他们送上大鹿岛,要多少钱就给多少钱。

摇舢板的是一位老人。一见这两个人鬼鬼祟祟的,就知道在干坏事儿。再看他们抬的那个物件,这不是天后宫里挂的那块匾吗？老人心底有数了。龟田和黑田上了舢板,把匾额放在船上。船老大特意把个舢板摇得直晃,两个家伙都晕得瘫成了泥。过了一会儿,海上起了狂风,大浪一个跟着一个,舢板在海上直蹦

---

① 刘秀丽. 海角风情［M］. 长春：吉林摄影出版社,2006.8 - 9.

趿。突然间,一个开花浪打过来,船老大就势用大橹一别,轰隆一声,下舢板扣瓢儿(翻倒)了。日本商人黑田和龟田双双掉进大海喂了王八。

舢板老人望着大孤山的山影,向北游去。游着游着,因为风大浪急,体力有点不支了。刚要下沉,突然觉得有个东西把他托住了。老人睁眼一看,原来是那"永庆安澜"匾!他抱着匾,靠着匾的浮力,没费多大劲儿,就游到岸上了。老人扛起这块救命匾,送到山上天后宫圣母殿。后来老人发了大财,由舢板变成了大船。

人们说,这块匾是大孤山天后宫的镇宫之宝,多年受香火的熏陶,通了灵性,总能逢凶化吉,化险为夷。[1]

传说故事三:

因为海神娘娘常显圣,救人、救船。使唤船的人越发信服海神娘娘。东港沿海渔村到处都建有海神娘娘庙,一年到头不断香火。还有人用上等木料雕刻了大船的模型,挂在海神娘娘庙的前殿上。

有一回,一条货船受了气。三更半夜的,冷不丁来了场大风,下了大雨,鸡蛋大的雹子劈头泻下,大浪就像小山一样,把货船一下子掀到浪尖上,一会儿又掉进浪窝里。船上的人慌神儿了,把几个大锚都下了,挖底浪把大船掀得上来下去,顶不住了。可船的人哭爹喊娘,这回可完了!

在这时候,迎面来了一盏灯,越走越近,到眼前一看,是一条大船。别看风浪那么大,那条大船就像没事儿一样。大船上有人问货船:"你们怎么啦?"

---

[1] 岳长贵、许敬文. 海角妈祖 [M]. 北京: 群众文化出版社. 2009. 135–136. 略做修改。

"受气了!"

说话的工夫,大船上把流子(缆绳)扔了过来,货船上的人接过流子,七手八脚地把流子绑在大桅上。大船开了,拖着货船走。别看大风呜呜响,大雨一个劲儿下,鸡蛋大的雹子劈头泻,那条大船一点儿不在乎。货船上的人也觉得船稳定了。

约摸走了半个时辰,大船上有人喊:"进坞了,把流子解下来还给我们吧!"

货船上的人刚要动手解流子,大船上有人说:"拉倒吧,咱们船上有的是流子,不要了!"

接着就听见斧子砍绳子的声音,那条大船一直往前开走了。货船上的船老大吩咐下锚,用篙一探水,才三尺来深,这是到了什么地方?船上的人都说:"多亏那条大船,要不,咱们早就都见龙王爷了!"

天亮了,风停了,一看,这不是獐岛船坞吗?船老大挺奇怪,起风下雨的时候,离獐岛少说也有三百里、四百里的,怎么这样快就到了?再一看那根流子,是一根砍断了的红头绳儿!

船老大明白了,是海神娘娘显灵救了我们。连忙办了香纸供品,下船到海神娘娘庙谢神。进了庙一看前殿的那条雕刻的大船模型,船底儿还直滴答水呢![1]

第七节 当地渔户习俗、禁忌

孤山镇内南街船户较多。他们上船之后有忌讳的言行,如在船上不准背着手,不准打"口哨",吃饭时不准把筷子横放在碗口上,不准坐尾"大柱上"(大柱被认为是船长的头颅)。

---

[1] 刘秀丽. 海角风情 [M]. 长春:吉林摄影出版社, 2006.10 – 11.

类似的禁忌还有：太平凳上不准同时坐两个人（否则不吉利）；不准盘问别的船户下几个捞子（下捞子就是抛锚停船，当船遇到风浪危险时才下锚）；出海时船上不准坐七男一女，因为八仙过海时，八仙与龙王在黄海海域闹翻了；超过五十石以上的大船，船的结构名称用十二个时辰的顺序代称，即子鼠（桅杆顶端的小绳，形似鼠尾）、丑牛（大柱）、寅虎（虎牙）、卯兔（兔唇）、辰龙（船底有块长形木头成为龙骨）、巳蛇（上下滑，桅杆与大绳相连处曰蛇）、午马（船上有块长方形木头，形似马）、未羊（船面有块木头称为羊角木）、申猴（猴绳）、酉鸡（船上滑饼子中间的桅杆）等。①

在调查中笔者还发现，当地渔民一般都是正月十三（他们认为是海神娘娘的生日）以后才出海，用当地村民的话说，如果"正月十三没过就出海，就会不顺当。"

第八节　其他地方性妈祖文化要素

大孤山天后宫院内有一片茂密的竹林。竹在我国江南是寻常之物，而在北国则相当少见。但是在孤山天后宫，竹林却长得繁茂碧绿。大孤山人说，这青绿的竹子是海神娘娘从江南带来的——有了天后宫，就有了这些竹子。

天后宫正殿院子里还有一颗水杉树。水杉，杉科，落叶乔木。树皮剥落成薄片，侧里小枝对生叶，叶成线形，交互对生，成两列式，冬日与侧枝同时脱落，花球形，单性，雌雄同株。水杉是很好的观赏树木，属我国特有。在上白垩时，广北，至第三

---

① 此处主要参考：孤山镇人民政府．大孤山镇情叙略长篇（初稿）·习俗[M]．手抄本未出版．

纪时，逐渐南下，经冰期后，仅存本种，成为树木中的活化石。孤山古建筑群里，只有天后宫内这一棵水杉。据说是20世纪三四十年代一个校长从湖北神农架带来种子栽下的，至今有六七十年。现在这棵水杉树已经成为天后宫神圣空间的一部分。来天后宫朝拜的人，都在水杉树上系上红布条，祈求妈祖保佑其平安顺利。翠绿的水杉叶子间，映衬着点点、片片的火红，寄托着人们对美好生活的向往与期待。

值得一提的还有天后宫的钟。早些年，每到除夕之夜，在"一夜连双岁，五更分二年"的时刻，天后宫的钟楼上就响起钟声，共108响，表示一年的终结，除旧迎新。为何敲108响，说法不一：一说是因为一年中有12个月，24节气，72气候（古时5天为一候），合计108数；另一说认为钟响108响和佛教有关，佛经《大智度论》上说："闻钟声，烦恼清，智慧长，菩提生。"人有108种烦恼，除夕听108响钟声，一切烦恼都可清除了。天后宫的钟声传四十里，近闻不烈，远闻不息，除夕闻钟，为大孤山一大盛事。①

总而言之，妈祖信仰在传播过程中与孤山风土民情相结合，拓展了海神以外的其他职能，拥有了独特的神性与显灵方式，形成了地方化的妈祖信仰文化和地方民俗。这种结合以孤山各种本土文化形式为载体，使外来的妈祖信仰逐渐具有符合当地人信仰文化心理的亲和力和影响力，融入孤山本土文化之中，从而在当地民众中传承不衰。

---

① 杨光主编. 海角东港［M］. 北京：中国文联出版社. 2006. 46.

第五章 孤山镇妈祖信俗仪式及崇拜活动

第一节 孤山地区妈祖祭祀由来

自宋以后，历代帝王不仅对妈祖频频褒封，还由朝廷颁布谕祭。到清乾隆五十三年，把"向来止系地方私祭"的妈祖祭祀，钦定为春秋两季的官祭，"以隆祀典"，且"春秋谕祭"正式载入国家祭典。从此，"妈祖祭典"与陕西省黄陵县的"黄帝陵祭典"、山东省曲阜市的"祭孔大典"并称为中国传统三大国家级祭典。妈祖公祭仪式有一整套严格的祭仪：乐舞以"三献"为中心，分《迎神》、《初献》、《亚献》、《终献》、《送神》五个乐章，《三献》乐称《海平》、《和平》、《咸平》，由男女合唱。舞备八佾，由男女舞生各32名组成，分别秉羽和执龠，为古代最高规格之文舞。

"妈祖祭典"是妈祖信仰的重要组成部分，是传播、弘扬妈祖文化的重要载体。2006年5月，国务院批准福建莆田的"湄洲妈祖祭典"为第一批国家级非物质文化遗产代表作，并进入国家非物质文化遗产名录。2009年9月30日，中国政府提名的妈祖信俗列入《人类非物质文化遗产代表作名录》，妈祖信俗成为我国首个信俗类世界遗产。

据《孤山镇志》载，大孤山早在宋代就有庙会，那时只是一般的庙会，祭祀的是海神①。孤山海神祭典最早始于唐太宗大中八年（854），由福建泉州传入。妈祖取代龙王成为当地海神后，祭祀更加隆重，规模也较以前为大。影响最大的是清乾隆二十八年（1763）重修天后宫时的海神娘娘（妈祖）祭祀活动。而首次妈祖祭祀祭典是在光绪十二年（1886）。其后，在妈祖诞辰日，孤山天后宫会举行规模隆重的妈祖祭典活动。

新中国成立后，孤山各庙宇及天后宫交由政府文化部门管理，祭祀活动全部停止。改革开放以后，特别是在 2000 年后遍及全国范围的文化遗产保护热潮中，在东港市孤山镇政府的积极倡导和组织下，东港市妈祖文化交流协会副秘书长张所文先生以当地妈祖信俗第三代传承人李含璋老先生的口述历史材料为基础，整理出较为完整的孤山妈祖祭祀仪式流程，并于 2008 年 5 月 22 日（农历四月十八）恢复了大孤山海神娘娘（妈祖）祭祀巡游活动。

第二节　当代大孤山妈祖公祭仪式

一、大孤山妈祖祭祀巡游程序②

大孤山天后宫现供奉的妈祖神像为福建湄洲妈祖的分灵金身，由东港市妈祖文化交流协会于 2008 年 5 月 14 日自湄洲恭迎至大孤山天后宫。③ 2008 年 5 月 22 日（农历四月十八，每年农历

---

① 该海神是传说中的北海龙王——"禺强"，而不是后来的孤山海神——妈祖。
② 此节内容根据张所文老师所赠材料整理而得。
③ 东港市妈祖文化交流协会于妈祖 1048 周年诞辰日（农历三月二十三，公元 2008 年 4 月 28 日）成立并开展工作。

四月十七至十九为大孤山庙会），由东港市妈祖文化交流协会主办的大孤山天后宫妈祖祭典活动隆重举行。祭典有近20万民众参加。此次祭典是孤山半个多世纪以来的首次妈祖公祭。

祭典之前，为弘扬妈祖扶危济困、助人为乐的仁爱精神，市妈祖文化交流协会副会长兼秘书长许敬文向广大妈祖信众发出向两天前刚刚发生的"5.12"地震灾区人民捐款的倡议。上午7时许，祭祀活动在古朴典雅的乐曲声中开始，在大司仪的主持下，市妈祖文化交流协会会长、本次祭祀活动的主祭人于长福带领陪祭人恭请妈祖步下神坛，妈祖銮轿经戏楼广场短暂停留进行祭祀后，沿街巡游，为四方黎民赐福。9时到达大孤山码头，举行了隆重的祭典，祭祀人将供品投入海中，以飨海神，然后护卫銮轿回殿。妈祖入宫后，许多信众焚起高香，排队祭拜。整个祭典由请神、巡游、海祭三部分组成。具体步骤如下：

步骤一：序幕

大孤山天后宫门两旁贴长幅对联："虔敬愿心祭妈祖，和谐盛事（世）荡春风"。

巳时（上午九点）前，鸣钟90响（紧十八，慢十八，十八十八再十八）[①]、鸣炮18响。

步骤二：请神

巳时整，大司仪："黄海之滨大孤山天后宫海神娘娘祭祀已到，恭请海神娘娘步下神坛。主祭人、陪祭人入殿——"

聚于孤山天后宫前广场之僧、道各表演队及沿海渔民，围观民众皆跪。大司仪率主祭人入殿，燃香，缉首，上香。大司仪诵读《赞美词》，"救苦救难洒甘泉，不图虚名不图钱，消灾解难德

---

① 以前大孤山山庙每逢阴历初一、十五都撞钟90响，除夕之夜鸣108响。

流芳，保国昌盛保民安"。读毕，缙首，主祭人将妈祖神像抬出殿堂，请娘娘神像下坛。大司仪前引出殿，主祭人及随从随出。至銮轿前，将神像安放在八抬大轿之上。

此过程用时约20分钟。主要参与人员为僧、道各20人，共40人。所奏音乐为《请神乐》，诵经声起，焚烧香纸。

大司仪："日丽风和，海不扬波；娘娘妈祖，佑我海疆乡土；天后圣母，为我黎民赐福。巡游伊始，銮轿起架……"

轿夫起轿上肩，仪仗队组成行进队形，准备起步表演。开路神（千里眼、顺风耳）手持方天画戟，挥舞前行。

此过程用时约10分钟，主要参与人员为8名轿夫，所奏音乐为《起轿进行曲》。

步骤三：巡游

巡游路线为从孤山天后宫经古韵街、大中街至海边。行进队伍包括：

最前面的是四面大铜锣开道（4人），四步一响。后面跟着高擎"肃静"、"回避"牌（2人）。引行官1人，着清总督道台服饰，或骑马。金爪、斧钺、朝天镫、金钩、金叉钩各两个（拿此道具者皆着清朝服装），依序而行（20人）。华盖宝伞，各列于行进队伍中，并适时交换位置。

花轿后面便是诵经队，或僧或道，共40人。接着是由沿海各地渔民组成的彩船模型的队伍，人手一船，共40人，彩船中间绘有海神娘娘画像。

彩旗队彩旗挥动，乐队沿路吹奏。

满族单鼓表演队（男女各20人）表演行进动作。

旱船队（40人）包括彩姑、年轻艄公、髯口艄公。

秧歌队23支，940人，包括鳌精、蟹精、鱼精、虾精、蚌精、跑驴、八戒背媳妇、轿抬芝麻官。

寸跷队表演队3支，120人。包括八戒拜堂、三打白骨精、水漫金山。后面配有喇叭对，主要是大喇叭、小喇叭、锣、鼓、钗。

威风锣鼓队包括舞扇队、舞绸队、书童、舞郎、樵夫、青蛇、白蛇、许仙、渔翁、傻柱、黄天霸、济公、杨香武①（各种民间传说故事中的扮相）。舞龙队，龙两条，20人。

舞狮队包括大狮、小狮20只，40人参与。

皇封牌匾队（计32人）手持匾额，上书写："海不扬波"、"永庆安澜"、"海神慈母"、"海运之神"、"庇佑八方"、"灵应天后"、"和平女神"、"福泽千载"、"护国济民"、"海晏河清"、"惠光普照"、"德昭玉宇"、"国泰民安"、"咸颂慈恩"等。

祭器祭品队抬礼盒随后。祭器有香炉、烛台等，祭品有牛头、猪头、羊头、馒头、水果等。

巡游队伍至海边停下。此时鼓乐齐奏，鼓乐声中大司仪将妈祖銮轿从轿夫手中接过，交主持人请上祭台，设好香案，摆上祭器、祭品。

各表演队环立空地周围（临海处）轮流入空地表演待时。

整个巡游过程历时最长，约1小时，参与人员最多（千余人）。行进中各鼓乐班沿路吹奏，各方队沿街展演，热闹非凡。

步骤四：海边祭典

1. 出主（请海神娘娘出轿）
2. 燃烛（点蜡烛，烧香纸）

午时（正午十二点），大司仪："正午良辰，公祭海神。万重

---

① 杨香武，戏曲小说人物。小说《彭公案》主角之一，正面人物，为胜英之徒，与黄三太等同门学艺。他身材矮小骨瘦如柴，嗓音尖锐，手拿小片刀，善于偷盗。曾经三盗九龙杯。京剧折子戏《三盗九龙杯》主角，武丑。

诚意达海宇，一瓣心香到天门，燃烛上香——"

3. 设案
4. 上献（上贡品）

大司仪："上献祭品——"

主祭人将供盘（三牲、果点等）托举过额，摆放香案之上。

5. 跪叩

大司仪："跪叩——"（沿海渔民跪地）

大司仪行至跪榻前，行三叩九拜礼。在场公祭人员行首礼。

6. 荐食
7. 侑食
8. 初献礼

大司仪起立转身："四方信众，向海神娘娘妈祖初献大礼——"
在场表演者、民众跪叩，或行首礼。

9. 读祝

大司仪："敬诵祭文——"

主祭人读祭文。

10. 再献礼

大司仪："四方信众，向海神娘娘妈祖再献大礼——"

11. 三献礼

大司仪："三献礼——"

12. 焚祭文

焚烧祭文，焚毕缉首。

13. 纳主（请海神娘娘回府）

未时（下午1点）

大司仪："祭典礼毕，恭请海神娘娘妈祖回宫——"

众祭人将海神娘娘妈祖銮驾从祭坛请上轿，轿夫接轿上肩。

14. 撤

大司仪："起驾——跪——起"

众人跪，起。
大司仪："撤——"然后祭品装上
祭品队将三牲祭品装上祭船，驶入大海，将祭品抛入海水中，以飨妈祖。
15. 馂（礼毕）
仪仗队前循，顺原路返回，至天后宫门前。

步骤五：回銮
大司仪："停止行进，落轿！"
大司仪："万众同乐，恭请海神娘娘妈祖入殿升座——"
祭典结束后，祭典队伍回到天后宫，恭请妈祖神像入主殿安坐，公祭人将神像请出銮轿，大司仪前循入殿归座。率众公祭人叩首出殿。众人散去。公祭结束。

步骤六：尾声
酉时（晚七点），唱戏酬神，组织一个半小时的京剧折子戏和二人转等节目。
大孤山海神娘娘妈祖祭典与东南沿海祭祀有所不同，大孤山祭祀活动代表了北方的祭祀特征。大孤山祭祀祭典活动由僧人礼忏诵经队、纸扎彩船队、旱船表演队、秧歌寸跷表演队、萨满音乐、单鼓表演队、天津跷表演队及各种民间传说故事中的扮相，并且具有强大的民间表演艺术队伍，这些都彰显出妈祖祭祀的地域文化特色。这一点在第四章"孤山镇妈祖信俗的地方特色"一章中有更为详细的论述，此处不再赘述。

二、"宴桌"祭品摆放

"宴桌"祭品的摆放方式为，中心四大碗，周围八小碗。外

围再以"四甜"、"四咸"、"四青",计十二碟果品。分素桌、荤桌两类,不能混杂。具体为:

中心四大碗:猪头一个、鱼两条、虾一碗、蟹一碗。(第一桌)

周围八个小碗:米饭两碗、供果(饼干之类)二碗、糕点二碗、糖果二碗。(第二桌)

四甜:红糖一碗、白糖一碗、冰糖一碗、软糖一碗。(第二桌)

四咸:鸡块一碗、羊肉一碗、牛肉一碗、猪肉一碗。(第一桌)

四青:草莓一碗、桃一碗、苹果一碗、西红柿一碗。(第二桌)

彩供馒头:一副(十个)。

贡品第一桌先摆上,第二桌行三叩九拜,三献供礼。

祭祀海神娘娘时祭服一般为绛紫色,绣团花,喇叭形大的袖口,下身穿"裳",即类似裙子的衣服。

第三节　民间祭祀活动

虽然大孤山大规模的妈祖公祭活动曾停滞多年,然而在民间,妈祖信仰仍然保持旺盛的生命力。即使在"文化大革命"期间,很多渔民也没有停止尊拜妈祖的活动,相关民俗也一直延续。比较突出的是正月十三的海神娘娘生日祭祀仪式和放海灯。[①]

在笔者调查的孤山镇小岛村,渔民们的妈祖祭祀活动已经完全演变为当地民风民俗的一部分:每到春节临近,渔民们会在船

---

① 实际上,正月十三并不是妈祖的生日,妈祖的生日是阴历三月二十三,至于为什么会产生这样的误会,并被大众普遍接受,本书在第六章中有详细的介绍和分析。

上贴春联。除夕的晚上，人们要到船上放鞭炮，带着供果祭祀海神娘娘。正月十三，人们到海边去送海灯。每年开春第一次出海都要在船上放鞭炮，家里还要包饺子以示庆贺。四月十八庙会，人们到大孤山天后宫去烧香磕头，以祈妈祖保佑平安。据现在已经80岁的老船长张忠絮老人介绍，他们以前的船队，会专门安排一个人负责这项事务。1980年之前，每年祭祀的花费要100元左右，大概相当于现在的3000元。笔者在小岛村码头访谈了一些船主和船工，用他们自己的话说："养船的人家百分之百都信（妈祖）"。

由于孤山当地关于民间祭祀的记载有限，笔者借助与孤山风俗类似的比邻地区的历史资料和田野材料，以窥该地区妈祖民间祭祀的状况。

与孤山相距不远的大连市石城岛，曾有明朝天启七年修建的海神娘娘庙——海丰寺，是继山东庙岛的娘娘庙扩到黄海北部的石城岛的第二座庙，俗称姊妹庙。现仅存旧址。该岛的妈祖民间祭祀和相关民俗活动十分普遍。据《锦县志略》记载："（七）月下旬，天后宫建盂兰盆会，大月至二十四日起，小月自二十三日起，至晦日止。僧众诵经，七昼夜，诣凌河放灯。"[1]

至今，当地每年的正月十三晚上，仍举办隆重的放海灯仪式，且要吃祭祀海神娘娘的饺子。

当地放海灯的习俗延续至今已有400年的历史。放海灯时，用从家带来的香、纸、蜡、船只和各种贡品在海边祭拜，燃放礼花、鞭炮，然后将船灯放入大海。当地每年这一天向大海放的船灯大小不一，数量在2000只左右。1990年，在乡镇府倡导和组织下，正月十三上午全岛的秧歌队都到"海丰寺"旧址前举行秧

---

[1] 锦县志略（民）王文藻；陆善格，朱显廷纂．民国九年（1920）本：卷十七．礼俗．三页．

歌大联欢，下午各家各户在家中扎各种样式的船灯，晚上7时左右根据风向，决定在岛子的哪个位置统一展放。这一活动在政府的倡导和组织下，逐渐演变成民俗文化活动。2007年始，石城乡还举办了船灯节，迄今已有五届。

大连其他海岸和海岛居民也有类似民俗。每年的正月初十左右，各海岛的渔民及沿海的百姓家家户户开始扎制海灯。传统海灯用木板、荆条、秸秆（高粱秆、玉米秆）扎制。用木板制作的海灯通常以刻出船形为主，刻出船体部分、船楼，安上船舵、桅杆即可，然后再放上蜡烛。使用秫秸扎法是将选好的秫秸、荆条取直，先打船体骨架，然后用五彩纸糊船体，描画和剪刻图案加以装饰。

正月十三，不论刮风下雨，居民从四面八方赶回来，参加放海灯活动。从正月十三凌晨起，群众便以家庭为单位祭拜、许愿、祈祷。天一擦黑，祭海仪式拉开序幕，渔港四周响起了阵阵鞭炮声，五彩缤纷的礼花在空中绽放。村民们纷纷走出家门，抬着海灯、供品及鞭炮来到码头自家渔船的停泊处。他们朝向大海摆放供桌，将香蕉、白菜等带有吉祥寓意的供品摆到桌上，一家人在供桌前焚香、烧纸、燃放鞭炮，然后将点亮的海灯放入大海。一盏盏色彩斑斓的海灯载着渔民们的心愿漂向大海深处。

第四节 大孤山妈祖信俗的传承与保护

一、传承人谱系

大孤山海神娘娘（妈祖）祭祀活动已有240年的历史，其祭祀巡游活动传承人有文字记载的共有五代，如表所示。

第五章 孤山镇妈祖信俗仪式及崇拜活动

大孤山海神娘娘（妈祖）祭祀巡游传承人谱系①

代别	姓名	民族	职务	传承方式	居住地
第一代	胡然方	汉	新中国成立前大孤山山庙主持	参入	大孤山庙
第二代	孙是家	汉	解放前大孤山山庙主持	参入	孤山镇
第三代	李含璋	汉	20世纪70年代以前大孤山镇老中医	参入	孤山镇
第四代	张所文	汉	原东港市文化馆副馆长、孤山文化分馆馆长	口传	孤山镇
第五代	宋文杰	汉	孤山镇文化中心主任	参入	孤山镇

（一）第一代传承人：胡然方

胡然方（也较胡然芳），字怡真，原住东沟县孤山镇小胡家屯，后迁至庄河县凤窝堡乡（现庄河市南尖乡）大绍村玉皇庙堡子。生于1902年，卒于1950年，出生于农民之家。

胡然方自幼体弱多病，家境贫寒，其家人便将他终身许愿于庙中。成年后，入庙为道徒（系金山派，伙居道），师从道人王自敏。民国十四年（1925年）胡然方开始主持大孤山圣水宫，是为圣水宫庙"九代嗣徒"。

胡然方天资聪慧，对孤山庙多有建树，对庙宇工程，善者守之，缺者补之，时加修缮，以求完整。他通经知典，能书善画，尤以画牡丹见长。大孤山古庙廊画壁不少作品出自其手，"文化大革命"期间被"造反派"以破"四旧"为名涂抹毁迹，但有的至今绰绰影现。

---

① 笔者根据调查所获材料整理。

胡然方精通各种道家乐器，特别是吹奏单管。他还精通各种祭祀仪式，法器一应俱全。

为了博取日本人的欢心，胡然方于1934年在圣水宫前树一石碑上刻"安部仲麻吕之遗迹"，此后，胡然方又向日本人提出，为安部仲麻吕塑像，并建庙安放。胡然方为此大获升赏，官至伪满道教会总会副会长，又出访日本，又受天皇接见，一时成为炙手可热的大红人。

1945年，抗战胜利后，胡然方为了掩盖罪行，派人将安部仲麻吕石碑放倒，塑像砸碎，庙宇拆除。而后独自离山而去。

1948年（一说是1947年），胡然方被定为汉奸罪被判无期徒刑，后因病保外就医，次年春死在菩萨庙家中。

（二）第二代传承人：孙是家

孙是家，汉族，1931年生，孤山人，13岁时出家去大孤山庙胡然方手下当道士，1949年底还俗。[①]

关于孙是家的文献材料特别少，从《大孤山古建筑庙内历代主持名单》中看，他是大孤山古建筑庙第十代主持人之一。而且其名字的出现多在介绍胡然方的材料中，如孙是家《我所知道的胡然方》（收录在《东沟文史资料》第二辑）。1947年春，孤山第二次解放，胡然方畏罪潜逃，投奔土匪。秋，孤山保安团在马家店太平山剿匪中将胡然方捉获，其逃跑后，又被捕获。关押在大孤山庙时，胡然方曾求助药王庙出家人孙是家给他毒药帮助他满足自杀的愿望，遭到孙是家的拒绝。张所文《民间俗闻稗考》中也说："但知道他其人（胡然方）其事者甚少，只有一个人能讲清楚，那就是孤山的孙道士（孙是家）。"

从有限的材料来判断，孙是家是胡然方的弟子，并曾经是大

---

① 张所文．民间俗闻稗考（下册）．未出版．57.

孤山古庙第十代主持人之一（另外一个是范是中），与胡然方交往较多。由此看来，胡然方将妈祖祭祀仪式程序传给孙是家，是顺其自然的事情了。

(三) 第三代传承人：李含璋

李含璋（汉族）是20世纪70年代以前大孤山镇老中医，关于他的文字材料很少。他讲述了很多故事，由张所文等当地文人收集整理，流传于世。张所文《民间俗闻稗考》[①]中的一段注释："1971年8月，我（张所文）参加东沟县在大孤山讲堂举办的'首届西医学习中医班'期间，课余时，与学员们讲起了大孤山庙住持胡然方。但知道他其人其事者甚少，只有一个人能讲清楚，那就是孤山的孙道士（孙是家）。经我的请求，一个星期天的上午，我带着几个问题，由李含璋老先生带路，领我去会见了孙是家先生，他笑了笑，然后坐下来看天棚，便讲述了下面的一些情况……"

这段文字可以说明孙是家、李含璋、张所文之间的来往。

由于笔者以前缺乏田野调查经验，关于李含璋的材料收集很不充分，我将在以后的回访中继续补充。

(四) 第四代传承人：张所文

张所文，笔名巾水，号水墨。1946年出生在丹东市振安区浪头镇，与溥仪东行宫咫尺之遥。8岁随父母来到现东港市孤山镇新立村韩屯。曾任东港市文化馆副馆长，孤山文化分馆馆长，从事辽东半岛民俗、民风、礼仪、祭典研究四十余年，曾先后出版了《民间俗闻稗考》上、中、下三册；《东港俗闻稗考》、《辽东民俗礼仪祭典资料本》上、中、下三部及《张所文民间故事集》

---

① 张所文. 民间俗闻稗考（下册）. 未出版.

上、下二册，先后被授予"中国现代民间绘画画乡优秀辅导员"、"丹东市十大民间艺术家（民俗）"、"辽宁省优秀民间艺人（民间文学）"。传略编入《中国民间文艺家大辞典》、《中国书画家大辞典》、《中国当代名人录》（国际名人版）、《政协委员风采录》（辽宁卷）等十几部大型辞典。系"中国群众文化学会会员"、"中国民间文艺家协会会员"、"中国农民书画研究会"等二十几家学会会员。

为了更好地搜集整理那些散落、深藏在民间的故事、传说、习俗、信俗、人生礼仪等，1978年4月，张所文放弃了心爱的"赤脚医生"工作，走上了所谓"弃医从文"的道路。到了文化站工作后，他四处搜集民间故事。张所文非常注重原始资料的积累。有时为了一篇故事，会跑到沈阳、大连、庄河、本溪、凤城、岫岩等地寻访讲述人，甚至不惜重金买原始资料。例如，大孤山朝阳寺、东阳寺早已坍塌，张所文听说庄河的一位94岁老人早年曾在孤山绸庄等处做事，留有寺中碑文，张所文几经辗转才找到老人。老人经过多次试探，确信张所文是孤山人后，同意将碑文卖给（500元）张所文。也正是凭着这块碑文，张所文考证出当年的东阳寺其实是薛礼（薛仁贵）庙。[1] 经过多年的努力，40余万字巨作《民间俗闻稗考》上、中、下三册问世了，将无形的民间文化遗产以文字形式保存下来。其中有关东港人物、风情、故事、传说、神话、地名等58篇还被选编入《东港文化丛书》。目前，张所文正在编写《辽东民俗礼仪》，全书约10万字，主要介绍辽东婚嫁丧葬等习俗礼仪。

在东港市抢救非物质文化遗产的时候，张所文根据李含璋老先生的口述历史资料整理，又经过多年不断搜集、采录，听群众讲述，向民间艺人请教及听取当时参加过祭祀的老年人。终于整

---

[1] 参见：张所文．民间俗闻稗考（下册）．未出版，106-107.

理编撰出《大孤山天后宫海神娘娘（妈祖）祭祀》资料本和《恢复大孤山天后宫妈祖祭祀的现实意义》等文章。在他的大力协助下，孤山镇于 2008 年 5 月 22 日（农历四月十八）进行了海神娘娘（妈祖）祭祀巡游活动。

目前张所文是东港市妈祖文化交流协会副秘书长，他挖掘整理的"大孤山天后宫海神娘娘祭祀"现已被列为省级非物质文化遗产。

（五）第五代传承人：宋文杰

宋文杰是孤山镇文化中心主任、东港市妈祖文化交流协会理事。据张所文介绍，他已将"大孤山天后宫海神娘娘祭祀"传给宋文杰，但目前还没有正式接管这方面的工作。

从传承谱系我们不难看出，以前大孤山天后宫海神娘娘祭祀的传承方式都是参与式的，而且以宗教为主要载体（从胡然方到孙是家）。新中国成立后，大孤山庙宇（包括天后宫）交由政府文化部门管理，接管后祭祀活动停止。由于停止了妈祖祭祀活动，传承的方式也由"参入"变成了"口传"。随着国家宗教政策的宽松，妈祖文化组织逐步取得官方的认可。2004 年 10 月，国家民政部正式批准中华妈祖文化交流协会成立，这标志着妈祖文化地位获得了国家的正式确认。这时孤山地区的妈祖祭祀传承方式也具有官方性质。从张所文传到宋文杰，这完全是政府文化部门内的传承，具有明显的官方性质。这也从一个侧面验证了妈祖文化现象的历史逻辑轨迹："普通民女—民间供奉—朝廷赐封—千年沉淀—文化现象—经济现象—政治现象。"[1]

---

[1] 岳长贵、许敬文. 海角妈祖 [M]. 北京：群众文化出版社. 2009. 80.

二、相关文化组织活动

（一）东港市妈祖文化交流协会

2008年4月28日，即农历三月二十三妈祖诞辰这一天，东港市妈祖文化交流协会经过一年的精心筹备正式成立。大会通过《章程》明确指出协会的性质是：由本地热心研究和弘扬妈祖文化人士自愿组织的非营利性的民间文化社会团体。其宗旨是密切同全国各地妈祖文化机构、人员之间的联系，挖掘整理东港及其周边地区的妈祖文化资源，弘扬妈祖精神，为传承中华优秀传统文化和为推进东港及周边地区妈祖文化弘扬事业发展而努力。东港市民政局以（065070）号文件批准了协会的成立。协会的成员，由东港市、孤山镇负责文化体育方面工作的政府、事业单位领导、各级人大代表、从事海上生产的经营单位负责人担任。协会还制订了四年工作计划，主要是致力于妈祖传统文化的保护和妈祖文化资源的整合，以一种"抢救"的姿态搞好东港地区妈祖文化的挖掘整理工作，以协会为载体，广泛开展妈祖文化的联谊和交流活动。[①]

协会成立不久，便委派协会顾问王金刚、秘书长许敬文带领相关人员驱车万里，从福建湄洲岛妈祖祖庙恭迎妈祖分灵金身坐殿于大孤山天后宫。这标志着孤山地区弘扬妈祖文化的事业又翻开了新的一页。东港市妈祖文化交流协会的成立，这将使妈祖文化精神在东港地区将得以更广泛的传播，从而更有利于对这一宝贵的非物质文化遗产进行进一步的整理、挖掘和抢救。

2008年5月22日，即农历四月十八大孤山娘娘庙会期间，在东港市委、市政府的支持下，东港市妈祖文化交流协会首次恢

---

① 岳长贵、许敬文．海角妈祖［M］．北京：群众文化出版社．2009．115．

复了中断长达半个多世纪的孤山妈祖祭典和巡游活动。同时，协会还配合有关部门，进行了妈祖祭典申报省级非物质文化遗产的工作。

2009年4月18日，即农历乙丑年三月二十三是妈祖诞辰1049年纪念日。东港市妈祖文化交流协会在大孤山天后宫举行了功德碑接碑仪式。仪式结束后，又举行了树功德碑仪式。嗣后，有召开了理事（扩大）会议。会议总结了协会成立以来的工作，部署了今后一段时间的工作任务。这次会议还决定了会费收缴和出版《海角妈祖》一书等重要事项（该书现已出版）。会议还增选了4名理事和1名副秘书长。

目前，除了成立"东港市妈祖文化交流协会"外，当地相关政府部门还采取了其他保护措施：利用当地媒体宣传妈祖文化，如《东港通讯》（原《东港日报》）开设专版介绍"妈祖文化在东港"等；召开"东港市妈祖文化理论研讨会"与交流活动，提高妈祖文化品位，发展妈祖文化事业。

（二）资金投入情况

大孤山海神娘娘（妈祖）祭祀巡游祭典前期准备共投入资金50万元，包括成立妈祖文化交流协会，恭请、恭迎湄洲妈祖分灵活动，不包括妈祖文化交流协会日常办公费用。该项资金由协会的各理事单位资助。而后的巡游祭典仪式规模隆重，其各项费用由政府组织和安排，具体数额不详。

大连市石城岛乡每年举办的"'海富民丰'船灯展暨正月十三日石城百姓祭典海神娘娘生日"，活动组织者的花费大致在1万左右，主要是用来奖励获奖者，奖金从50元至500元不等。

（三）其他相关活动

近年来当地政府采取的一系列政治、经济举措，也十分有助于当地妈祖的传承和保护。

2006年10月13日,丹东东港市孤山镇被列为第一批辽宁省历史文化名镇(村)。[①] 笔者在调查期间有幸参加了孤山镇文化中心负责的申报国家级历史文化名镇工作。

孤山镇具有悠久绵长的历史,其历史文化底蕴十分深厚。当地学者称为"古韵"文化,并总结出地理韵味、历史韵味、物产韵味、人文韵味、故事韵味等数个方面。孤山镇政府为此确立了"文化名镇"发展思路,把名人文化建设作为孤山文化建设的亮点和牵动点来抓,以点带面,通过深入分析和梳理独特的名人文化、丰富的民俗文化以及群众文化活动,打造地方特色文化品牌。加强孤山文化脉络的梳理工作,深入收集和细致整理孤山文化精品。同时,通过举办大孤山庙会,推动文艺作品的交流,充分展示孤山文化的底蕴和魅力,进一步提升孤山文化的知名度。

孤山镇政府还设立了古建筑保护管理领导小组,各村和社区也成立了文物保护小组,划定保护范围,明确保护责任。镇政府每年拿出专项资金,对古民居和文物进行修缮、保护和管理。

此外,目前东港市正在积极筹建"东港海角文化大世界"项目。东港海角文化大世界,位于东港市白云大桥西侧。该项目占地面积65997平方米,建筑面积20000平方米,总投资1亿元。项目区内将建设旅游码头、候船大厅、妈祖文化宫、名人苑、风情苑、聚仙阁、海鲜阁、情人阁、文化广场、垂钓场等,以弘扬东港旅游文化、妈祖文化、海鲜饮食文化,展示东港渔村百年发展史。该项目建成后,将成为东港旅游龙头企业。2006年1月25日,东港海角文化开始奠基兴建。

---

① 同时被列入首批辽宁省历史文化名镇(村)的其他村镇是:大连瓦房店市复州城镇、鞍山海城市牛庄镇、沈阳市新城子区石佛寺朝鲜族锡伯族乡石佛寺村。

第六章 思考：民间文化的标准化、再标准化与整体性保护

在本书前五章中，笔者以孤山妈祖信俗为切入点，初步探析了祖国最北海疆的辽宁地区妈祖文化的斑驳之影，内容多为整理和描述。进入本章后，将以前述五章的材料为基础，引用人类学的理论，对我国当代文化遗产保护工作中的一些状况、问题和前景予以学理分析。本章借用的主要理论是"神的标准化"概念和理论。

美国人类学家詹姆斯·沃森（James L. Watson）在20世纪80年代基于华南沿海妈祖信仰的研究，提出了"神的标准化"（"Standardizing the gods)[①]概念。沃森所言的"神的标准化"包含两个层面的内涵：一是由于国家力量的"鼓励"，导致许多地方神灵逐渐让位于国家所允准的神灵（如妈祖、关帝）；二是在此历史过程中，在象征符号与仪式行为一致的表象下，不同的主体（国家、地方精英和普通民众）对该神灵信仰的不同理解和行为差异。

这个概念一经提出，就得到了海内外华南社会研究和宗教研究界的广泛关注，并引发持续的热烈回应和讨论[①]。国内一些

[①] 如杜赞奇的《刻划标志：中国战神关帝的神话》，[美]韦思谛编《中国大众宗教》，陈仲丹译．南京：江苏人民出版社，2006. P 93 – 115；宋怡明（Michael Szonyi）则以福州地区的五通神为例，对华琛的观点提出修正，指出正统化的神用到地方上面，不一定改变乡民对神的概念，（参见：Michael Szonyi, "The Illusion of Standardizing The Gods: the Cult of Five Emperors in Late Imperial China", The Journal of Asian Studies, Vol. 56, No. 1, Feb. 1997, P. 113 – 135；最近的讨论见英文《近代中国》（Modern China）第33卷（2007年）第1期，以《中国的仪式、文化标准化与正统行为：沃森理念的再思考》为主题做了一个专号；以及科大卫、刘志伟的《标准化还是正统化：从民间信仰与礼仪看中国文化的大一统》，《历史人类学学刊》（第六卷）第一、二期合刊（2008年10月），P1 – 21。

研究者也借用该概念对民间信仰与国家力量之间的关系进行探讨，如邹春生的《神明标准化：民间信仰与国家关系的整合——从江西南康刘氏女的出凡入神看客家文化特质的形成》[1]、王芳辉的《标准化与地方化——宋元以来广东的妈祖信仰研究》[2]等。

沃森提出的这个概念对中国民间信仰在国家力量参与下的一些代表性现象具有强大的解析力。虽然一些讨论将"神的标准化"概念内涵所代表的事实不断地予以证实和证伪，但这些讨论并没有彻底解构沃森对"神的标准化"概念所圈定的内涵，而不过是在此基础上的深化、拓展以及跃升（如杜赞奇、科大卫和刘志伟），抑或只是误读。

本书无意介入有关"神的标准化"的概念争论之中，而是基于作者对中国最北海疆（辽东省东港市孤山镇及周边地区）的妈祖信仰的调查，有感于当代中国以"文化保护"为名的国家力量深度进入民间文化空间、参与民间文化传承和构建的事实，借用沃森的"神的标准化"概念，提出"民间文化的标准化与再标准化"和"标准化的扩大化"的概念，提供一种解释当代中国民间文化保护工作的理论视角。

第一节　近代历史中孤山镇妈祖信仰的标准化

前文我们已经了解了东港市孤山镇的基本概括，现为论述需

---

[1] 邹春生.神明标准化：民间信仰与国家关系的整合——从江西南康刘氏女的出凡入神看客家文化特质的形成［C］.周大鸣、何新亮主编.文化多样性与当代世界，北京：民族出版社，2008.

[2] 王芳辉.标准化与地方化——宋元以来广东的妈祖信仰研究［J］.文化遗产.2008（3）.

要,简单重复片语:东港市位于中国海疆的最北端,紧邻鸭绿江出海口。孤山镇处于东港市中部,是近代史上辽东地区的主要海港之一。该镇作为海港始于唐代[1],宋为辽金属地,元明时属中央政府,明末时期明将毛文龙与后金军队绞杀于此[2]。清代后随着移民的进入,并得益于其沟通东北和内地的海运枢纽地位,得到较大发展,成为辽东的繁华市镇。该镇大孤山上于1776年至1885年间,陆续修建起规模巨大的庙宇群落,包含山腰处圣水宫、三霄娘娘殿、佛爷殿(罗汉殿)、龙王殿、玉皇殿、药王殿(当地统称为"上庙"),以及山脚处天后宫、天王殿、地藏寺、大雄宝殿、文昌宫、财神殿、关帝殿、吕祖庙、戏楼(当地统称为"下庙")等宗教场所[3]。这批庙宇规划整齐,传承有序,香火鼎盛,再加上散布于大孤山周边的基督教堂、姑子庙、清真寺,大孤山因此成为远近闻名的宗教中心。

据圣水宫碑文记载,该庙宇群落中最早修建的是三霄娘娘殿,系乾隆十四年(1749)由山东崂山道士倪理休所建的三间草殿。继而修罗汉殿(1756)。1763年建天后宫。其余庙宇和建筑,皆为1802—1885年修建[4],形成今日所见蔚为壮观的上、下庙景观。

---

[1] 据记载:唐代即在上庙建有望海寺,至今残存寺基……史载唐代在重要港口皆建有望海寺。……清代重修庙宇时,在上庙出土十六樽帖铸罗汉神像,系唐玄宗时期所铸(公元712年)……人工在望海寺两侧栽有两棵银杏树,至今仍苍劲挺拔,经专家测认,树龄至少有一千三百年。银杏树为唐代佛教誉为圣树,凡建庙必栽此树。(参见《大孤山镇情叙略长篇(初稿)》卷一.1.)

[2] 该镇大鹿岛上至今存"毛文龙碑"。

[3] 许敬文主编. 东沟县志[M]. 沈阳:辽宁人民出版社,1996. 1016.

[4] 孤山镇人民政府. 大孤山镇情叙略长篇(初稿)[M]. 卷一. 手抄本未出版. 123.

大孤山古建筑群主要殿（寺）建造、重建年代表①

殿（寺）名	建造、重建年代	资料出处（依据）
望海寺	唐代	圣水宫碑文、庙台旧址、银杏树
三霄娘娘殿	建于清代乾隆十一年（1746）重建于乾隆二十一年（1756）	圣水宫碑文
罗汉殿（佛爷殿）	建于乾隆二十一年（1756）重建于中华人民共和国1982年	圣水宫碑文 文物管理所档案卷
天后宫	建于乾隆二十八年（1763）	天后宫碑文
海神娘娘殿	重建于光绪六年（1880）	《庄河县志》卷二古迹篇天后宫碑碣、重修天后宫碑记
大雄宝殿（大佛殿）	建于清嘉庆七年（1802）重建于清嘉庆二十一年（1816）重修佛殿于咸丰六年（1851）	民国六年出版的《庄河县志》卷二古迹篇重修地藏寺、佛爷殿碑记
地藏寺	建于嘉庆二十一年（1816）重修于咸丰元年（1851）	重修地藏寺、佛爷殿碑记
财神庙	移址重建于嘉庆二十五年（1820）	重修财神庙碑记
关帝庙	重建于嘉庆二十五年（1820）	重修关帝庙碑记
文昌宫	建于道光十二年（1830）	圣水宫碑记
玉皇殿	建于道光十二年（1830）	圣水宫碑记
药王殿	建于道光十二年（1830）	圣水宫碑记

---

① 孤山镇人民政府. 大孤山镇情叙略长篇（初稿）[M]. 卷一, 手抄本未出版. 133.

续表

殿（寺）名	建造、重建年代	资料出处（依据）
吕祖亭（庙）	重建于光绪十一年（1885）	吕祖亭碑记
戏楼	重建于道光六年（1826）	戏楼匾额
观海亭	建于光绪八年（1882）	观海亭碑记
钟楼	建于道光十二年（1830）	

孤山镇周边地区亦有各类宗教场所，如各类佛教寺庙、道观、天仙圣母宫、龙王庙、狐仙庙以及散布海疆、海岛的大小天后宫，但规模有限且布局分散，留有遗存的更少。大孤山庙宇群落借助其规模效应，并借力于大孤山两大庙会（四月十八娘娘庙会和四月二十八药王庙会），成为清代中期以后孤山地区无可争议的宗教文化中心。

在大孤山庙宇群落这个诸教并存，多神共处的"神圣空间"里，历史上是否存在着沃森所言的"神的标准化"过程呢？由于孤山地区近代历史较为纷乱[1]，相关文献十分匮乏，笔者不能如沃森那样获取丰厚的参考资料来直接证实这个过程。但我们依然能够从历史的缝隙中窥探到些许"标准化"的痕迹。

笔者认为，妈祖（天后、海神娘娘）——一个被国家认可并被孤山民众逐渐接受的外来之神——在1756—1949年逐渐"标准化"孤山地区诸神共存的"信仰空间"，取代其他神灵，成为当地神圣空间中的主要神灵。根据有三：

---

[1] 孤山地区近代战乱频繁，除去移民纷乱、农民起义，海盗滋扰，中国近代史上的数次重大战争，均与这里有着直接的关联：1894年甲午海战的主战场即在孤山海域，邓世昌即牺牲并葬于此，日军曾登陆大孤山；1904年日俄战争，日俄两军也在此绞杀；"九一八事变"后，这里为伪满洲国属地；解放战争中，经历了两次解放；后又在抗美援朝战争中，成为紧邻前线的重要军事基地。

一、孤山天后宫在当地信仰空间中的重要地位

在大孤山清代庙宇建筑群中，曾经供奉着大小数百尊神像（"文化大革命"期间被毁的泥塑、木雕、铜铸神像有四百多尊[1]），"殿、亭、楼、阁121楹，建筑面积5000余平方米，占地面积1万余平方米，"[2] 其中天后宫建筑面积842平方米，占地面积1800平方米[3]，妈祖以一神独占上、下庙四百余神灵近五分之一的神圣空间。此外，大孤山庙宇群落有两座酬神戏楼，一座是全体神灵所共享的"神听和平"戏楼，另一座是天后宫专有的"娘娘殿戏楼"[4]。天后宫的规模和特权代表着地位。妈祖在大孤山神圣空间中的特殊地位不言自明。

或许天后宫的规模和特权只能证明妈祖信仰在孤山既存信仰空间的突出位置，并不能直接证明"神明标准化的历史过程"，那么我们继续往下分析。

二、娘娘混淆——海神娘娘与三霄娘娘

如前所述，大孤山清代庙宇群落最早修建的是"三霄娘娘殿"（1749）。十四年后的1763年，天后宫才在大孤山落成。三霄娘娘信仰系道教信仰神祇，在华北和东北地区，泰山娘娘（碧霞元君）信仰与三霄娘娘信仰曾广泛传播并影响巨大。遗存至今的华北和东北地区农历四月十八娘娘庙会，就因该日系泰山娘娘

---

[1] 孤山镇人民政府．大孤山镇情叙略长篇（初稿）[M]．卷一．手抄本未出版．142.
[2] 许敬文主编．东沟县志 [M]．沈阳：辽宁人民出版社，1996.1016.
[3] 许敬文主编．东沟县志 [M]．沈阳：辽宁人民出版社，1996.1016.
[4] 许敬文主编．东沟县志 [M]．沈阳：辽宁人民出版社，1996.993.

和三霄娘娘诞辰而起（为何两个娘娘崇拜系统共用一个生日，本书不做讨论）。据史载，孤山镇四月十八的三霄娘娘庙会，自清代以来一直是辽东地区规模较大的娘娘庙会之一[①]。以此可见，三霄娘娘信仰在孤山地区历史上，出现年代较早，仪式规模较大，影响较深远，曾经是孤山地区"神圣空间"中毋庸置疑的主神（或主神之一）。

但是在孤山清代庙宇群落中，三霄娘娘殿占地狭小——自1756年重建后就没有扩大过规模。其后修建的龙王殿、玉皇殿和药王殿等殿堂，将三霄娘娘殿的周边空地基本占用。由此可得知，在19世纪大孤山各类庙宇建设高潮时期，历任道教主持无意将三霄娘娘的殿堂和附属设施扩大。这是一方面。

另一方面，孤山地区为纪念三霄娘娘诞辰而举行的农历四月十八娘娘庙会，虽然随着经济社会的发展，规模越来越大，但这个繁华庙会真正的祭拜对象（即所奉神主），却在历史长河中发生着微妙的变化——越来越多的孤山民众认为，娘娘庙会祭拜的是"海神娘娘"——也就是大孤山下庙里那个拥有宏大殿堂和独立戏台的天后宫的主神妈祖，而非"三霄娘娘"。笔者在田野调查过程中，发现当地百姓已经很少分得清娘娘庙会到底是"哪个娘娘的庙会"——大多数人都会脱口而出"是海神娘娘庙会"，且1980年撰写的孤山镇志书——《大孤山镇情叙略长篇（初稿）》亦采用此说法[②]。另一个能够反映当地"娘娘混淆"的证据，来自东港市妈祖文化交流协会出版的介绍孤山妈祖信仰的简介性书籍——《海角妈祖》。该书专辟一文《四月十八是大孤山

[①] 孤山镇人民政府. 大孤山镇情叙略长篇（初稿）[M]. 卷一. 手抄本未出版. 131.

[②] 孤山镇人民政府. 大孤山镇情叙略长篇（初稿）[M]. 卷一. 手抄本未出版. 131.

海神娘娘庙会吗?》①,刻意澄清"此娘娘非彼娘娘",可见当地民间"娘娘混淆"之影响深远。

孤山地区的三霄娘娘庙会逐渐被"误传"为海神娘娘的庙会,是清代中后期在孤山地区日益强大的妈祖信仰逐渐"标准化"当地神圣空间的一个表现。

三、海神混淆——海神娘娘与海神禺强

孤山及周边辽东海疆地区,普遍存在每年农历正月十三祭拜海神娘娘的习俗。祭拜仪式十分隆重,含家祭、庙祭、海祭和放海灯等活动。当地民间普遍认为,正月十三是海神娘娘(天后、妈祖)的诞辰。但众所周知,妈祖诞辰是在农历三月二十三,这一点在中国南北的妈祖信仰的正史里都无所疑问。孤山天后宫的碑文和当地的其他史料也证实,妈祖诞辰是三月二十三,且孤山历史上隆重的海神娘娘祭典巡游仪式,均在三月二十三举行。可见并不是孤山地区对妈祖的"正统"生日有误识,而是当地同时祭拜妈祖的"两个生日"——正月十三和三月二十三。

妈祖作为人化神,生日不可能有两个,这是一个常识性的结论。那么问题出在哪里?

通过考察黄海北部渔民的祭祀民俗,笔者得知,该地区普遍存在祭海神的传统,但各地祭祀的海神有所不一,日期也并不一致。正月十三祭拜的海神,以龙王和妈祖较为普遍。如胶东半岛青岛、蓬莱地区,正月十三祭祀海神龙王②,而辽东半岛则祭祀

---

① 岳长贵,许敬文编著. 海角妈祖 [M]. 北京:群众文化出版社,2009.141 - 142.

② 参见:山曼主编. 节庆 [M]. 济南:山东友谊出版社,2004.167. 中华人民共和国文化部办公厅,中国文化报社编. 中国新时期地方文化发展概览(上)[M]. 北京:文化艺术出版社,2000(5).824.

海神妈祖，个别地区在这一天两者皆拜①。无论祭祀对象为何，祭拜的原因均言是海神（龙王或妈祖）过生日。

龙王信仰曾是中国沿海地区的主要海神。明清以后，在部分地区，其影响力逐渐为妈祖取代②。孤山地区历史上也有较为昌盛的龙王信仰③，但现存的龙王崇拜，已经只有"祈雨"等内地龙王信仰内涵，而无海神意味④。经孤山当地学者考证，孤山地区民间正月十三祭海神的习俗早有流传，祭祀的神主原本为龙王——海神禺强⑤，但"广大渔民有个误区，视海神禺强为海神娘娘"⑥。所以，海神禺强的生日——正月十三，被说成是海神娘娘的生日。这样一来，海神娘娘在当地就有了"两个生日"：一个传续正统说法的三月二十三，一个是原本海神禺强的生日正月十三。

---

① "渔灯节，流行于蓬莱市几个渔村，节期有的在正月十三，有的在正月十四。旧时这天傍晚，渔民手持灯盏和供品去龙王庙、海神娘娘庙拜祭送灯，再往自家渔船送灯。"参见：烟台市地方史志办公室，烟台市政府办公室年鉴编辑部编．烟台纵览．北京：华龄出版社，1999（10）p. 208.

② "沿海各地所建天后宫、娘娘庙甚多，明清以来，香火日益旺盛，并在海事活动中逐渐取代了龙王的地位。"（周鸣琦，李人凡主编．中国各民族年节祭会大事典．西安：陕西人民教育出版社，1995. p. 223.

③ 留存至今的地名"龙王庙"，即在孤山附近；大孤山庙宇群落里，亦有龙王殿。

④ 旧时，大孤山如遇大旱年，家家贴"龙王马"于门上，瓷花瓶插柳枝，挂门两旁。大人扎草龙游街求雨，小儿塑泥龙，向龙王祈雨。祈雨队伍从龙王庙（摆渡口上滑石山）出发，队伍前面是地方长官带领人民代表（大约100人），身体彩绘文身，扮成鱼、鳖、虾、蟹状，光着脚丫，头戴柳枝编成的帽圈，手持柳枝蘸水向空中挥洒。接着是草扎龙，由4—10人用木棍擎着，后面则是两人扮旱魃，用绳索系在龙的颈部，牵行游街，在后面是8人抬轿，轿内是关老爷神像。（参见：关于申报国家级历史文化名镇的请示．孤政发〔2009〕号）

⑤ 岳长贵，许敬文编著．海角妈祖［M］．北京：群众文化出版社，2009. 139 - 140.

⑥ 岳长贵，许敬文编著．海角妈祖［M］．北京：群众文化出版社，2009. 139 - 140.

分析至此，事实已经逐渐清晰：随着妈祖信仰在北部海疆的扩展，当地原有的海神信仰受到一定的侵蚀，原海神（龙王禺强）的祭祀仪式被新的海神（妈祖）所享有，甚至原海神的生日也被新海神占用。这与沃森文中的天后"吃掉"当地神的情节非常类似。

由于孤山地区信仰历史的史料较为匮乏，能够佐证上述观点的资料有限，笔者因此借用一个与此情节类似且研究资料充裕的个案——泰山娘娘与海神娘娘的混淆以及引发的争论——来考察"神的标准化"过程中的一些面相。

泰山娘娘（碧霞元君）曾经是中国北方地区的重要女神，与南方海神娘娘（妈祖）齐名，有"北泰山、南妈祖"之称[①]。但至清朝初年，出现了"碧霞元君即为妈祖"的说法。如当时南方杭州地区妈祖庙"悬幡累累皆大书'碧霞元君'"[②]，而在北方一些地方，碧霞元君已被直接附会于妈祖身上，如北京妙峰山所立康熙戊子（1708）《御制重修西顶碧霞元君碑》的记载："元君初号天妃，宋宣和间始著灵异，厥后御灾捍患，奇迹屡彰，下迄元明，代加封号，成弘而后，祠观尤盛郛郭之间。"又如康熙四十八年赐进士出身光禄大夫文华殿大学士户部尚书张玉书在《丫鬟山天仙庙碑记》中指出："元君者，乃湄州林都检之女，渡海方游，于宋宣和间，以护佑路人功，始有庙祀。历元明，累功封天仙圣母碧霞元君徽号，六百余年至今不废。"[③]

碧霞元君与妈祖成为一体的说法如何会产生？历代学者考证

---

① 彭慕兰. 泰山女神信仰中的权力、性别与多元文化[C]．[美]韦思谛编. 中国大众宗教．陈仲丹译．南京：江苏人民出版社，2006. 115 – 116.
② 汪楫. 使琉球杂录·神异．清康熙二十二年（1863）.
③ 北京市平谷区文化委员会编. 畿东泰岱——丫髻山[M]．北京：北京燕山出版社，2008. 174 – 179.

后解释为"以讹传讹，不足为实"①。但问题在于，是什么力量促使中国南北皆把两者视为等同？乡野民众把二位娘娘加以混淆或许可以说是"不明就里，以讹传讹"，但为何专门祭祀两者的职业宗教人士（同时代的南北方僧侣、道士）也将两者视为同一？显然，"以讹传讹"的解释是无力的，而"神的标准化"则是一种可能的解释视角。

明末清初，"北泰山、南妈祖"的南北两个娘娘信仰体系的均衡格局被逐渐打破，得到历代政府册封的南方妈祖信仰显示出越来越旺盛的生命力并日益北上，而未得到政府正式承认的北方碧霞元君泰山娘娘信仰则呈现出渐衰的趋势②。在两者统一的宗教外壳（佛教或道教）下，生机勃勃的妈祖信仰和日显颓势的泰山娘娘信仰，两者互相借用彼此的资源（即妈祖的政府册封和泰山娘娘的强大传统势力）来壮大彼此的优势，是一个合适的选择。这种选择由操纵着两者宗教外壳的统一宗教系统（道教与佛教）和宗教人士所期许、认可并实施，最终导致两者在某种程度上的合流。因此，与其认为妈祖信仰与碧霞元君信仰互为一体的说法是"以讹传讹"，不如认为该说法是一种"合谋"——"标准化之神"与"被标准化之神"的合谋——用人类学的话说，是结构性的集体无意识引发的集体意志所致。

所以，在民众的"以讹传讹"和精英的知识垄断的原因之

---

① 如《古今图书集成·方舆汇编·职方典·淮安府部纪事》："明永乐间使臣甘泉、郑和有暹罗西洋之役，各上灵迹，命修祠宇，己丑加封'弘仁普济护国庇民天妃'。自是遣官致祭岁以为常。若淮上之祀起于宋，至明而崇奉显圣第址，宜称天妃，而不察者谬加以'碧霞元君'字号，此则泰山之神非漕运之灵济者矣。"近代学者容庚亦指出："殆误会天妃为天仙，故有碧霞元君封号耳。康熙御制碑所云'元君初号天妃'，亦误。或谓观世音千百亿化身在南为海神天后，封碧霞元君；在北为泰山玉女，亦封碧霞元君。此则歧之又歧矣。"

② 彭慕兰. 泰山女神信仰中的权力、性别与多元文化 [C]. [美] 韦思谛编. 中国大众宗教. 陈仲丹译. 南京：江苏人民出版社，2006.

外，类似"娘娘混淆"或者"海神混淆"现象的背后，有着更为强大和更为决定性的原因——新旧宗教力量的交替以及在交替过程中两者的合谋。

我们已经比较清楚地看到，在清代中晚期的孤山地区，多种神灵信仰共存的局面遭遇了一个明显的"标准化"过程。携国家力量以自重的海神娘娘的到来和不断发展，改变并在一定程度的取代了当地原有的娘娘信仰体系和海神信仰体系。这只是"神的标准化"的一个层面。在另一个层面，我们将分析国家、地方精英与普通民众对妈祖信仰的不同认识，以及这种不同认识得以共存的原因。

妈祖信仰得到国家力量的一再鼓励的原因，除了因其护佑海民的初始神力，还因为其"繁育子女、平定叛乱、安抚边民"等不断延伸的神力内涵[1]。孤山地区作为帝国北部海疆和陆地边界的交汇处，在近代史上不断为流民、海盗、战争和起义所滋扰[2]（这与沃森所研究的饱受前政府余党和海盗滋扰的帝国南部海疆类似）。在这种能够引发国家统治者不安全感的地区，一个能够有着"平定叛乱、安抚和教化边民"功能的海神——妈祖，是一个前现代的国家政府能够接受并寄予厚望的宗教选择。

孤山地区的精英对妈祖的认识相对复杂。一方面，他们清楚地知道：在类似孤山这样的边地，地方人士只有赢得中央政府的信任，才能在当地长久的巩固自身地位和利益。而取得政府信任的最佳途径之一，就是坚决维护国家鼓励的信仰。因此他们对妈祖殿堂大量资助，举行隆重的妈祖巡游仪式，以这种间接而有效

---

[1] ［美］詹姆斯·沃森. 神的标准化：在中国南方沿海地区对崇拜天后的鼓励（960—1960年）[C].［美］韦思谛编. 中国大众宗教. 陈仲丹译. 南京：江苏人民出版社，2006.

[2] 散见东沟县志大事记、大孤山镇情叙略长篇（初稿）大事记。

的方式宣告对中央政府的效忠。另一方面,他们又以自己对"知识体系"的掌握,不断强调在当地日益强大的海神娘娘信仰与其他神灵(如正月十三的海神禺强祭祀和四月十八的三霄娘娘庙会)的区别(尽管这种声音越来越弱,但始终存在)。精英们看似矛盾的两种做法,但其目完全统一:在国家和基层社会两个层面都凸显其特殊地位。所以,在日常的做法中,精英们的两种表现合二为一,互为促进:一边刻意维护国家认可的"正统"信仰,放任其对当地原有神灵的资源侵占,营造"正统"形象;一边建立知识的垄断,维护自身在当地的象征资本。

正是地方精英这种看似矛盾的做法,才导致孤山民众对一些基本事实的"误识",如把海神禺强的生日当做海神娘娘的生日,或者把三霄娘娘的庙会当做海神娘娘的庙会。与此同时,垄断的知识体系又保存了这些原有神灵的基本信息,造成今日孤山地区"此海神与彼海神"、"此娘娘与彼娘娘"的信息混淆传播模式。①

与国家力量和精英作用相比,在妈祖信仰标准化的过程中,孤山民众显然更多的处于被动接受的地位。当然,正如沃森指出的,"帝国没有力量或是资源把一个没有影响的神强加给大众"②。妈祖在孤山历史上也有诸多显灵的神迹故事。③,妈祖神力范围的不断扩大也满足了那些被取代的神的功能(如海深禺强对海民的护佑和三霄娘娘对女性生育的保佑),这些都是孤山信众对妈祖

---

① 在著名的"泰山娘娘与海神娘娘之争"中,起到关键作用的,也是各类精英:制造出"娘娘混淆"的南北方宗教人士,以及考证解释出此说法为"以说传说"的学者们,他们都是垄断知识的精英。

② [美]詹姆斯·沃森.神的标准化:在中国南方沿海地区对崇拜天后的鼓励(960—1960年)[C].[美]韦思谛编.中国大众宗教.陈仲丹译.南京:江苏人民出版社,2006.82.

③ 参见:许敬文主编.东沟县志[M].沈阳:辽宁人民出版社,1996.1204.刘秀丽.海角风情[M].长春:吉林摄影出版社,2006.1-14.

信仰接受并笃信的基础。

不同的信众对妈祖的不同理解，是一个比较自然的事情。可以想见的规律是：不同的生计方式导致信众对妈祖的不同祈愿，进而导致不同人群对妈祖的不同理解。比如渔民对于妈祖的祈愿与理解会与陆上农民有很大不同（农民对妈祖的理解，缺少有关海洋的内涵）；商人群体会更加独特——陆地上的商人与来往海上的商人，其对妈祖的祈愿和理解也不一样——陆商们会更多强调妈祖是"财神"，而海商们会强调妈祖既是海神，也是财神。

综上所述，通过史料的分析以及在此基础上的合理推论，笔者从两个层面论证了近代史上妈祖信仰在孤山地区"标准化"的基本过程。这个过程直到今天仍在持续——妈祖信仰凭借其历史政治资本和当下政治内涵（促进两岸统一，繁荣地方经济），仍在继续"标准化"着当地信仰空间。

第二节　孤山地区妈祖信仰的"再标准化"

从前述的历史梳理与分析我们得知，孤山地区的妈祖信仰在清代中后期以来，有一个"标准化"当地信仰空间的历史过程。本节的内容将以作者在孤山镇的田野调查资料，分析孤山地区的妈祖信仰在当代得以"再标准化"的过程。

由于政治因素的影响，1949年后，孤山地区的妈祖信仰与其他信仰一样，逐渐萎缩、衰落，甚至一度从民众的公共生活中消失①。大孤山上包括天后宫在内的宗教殿堂群落在"文化大革命"期间受到极大冲击：所有神像被毁、匾额十不存一、碑刻被砸，

---

① 据访谈资料，渔民即使在"文化大革命"期间，也会在家中或渔船上不公开的祭祀海神娘娘。

殿堂也被县荣复军人疗养所（后改为县结核疗养所）占用。① 直到 1979 年后，随着文化宗教政策逐渐松动，孤山地区的妈祖信仰才与其他民间信仰一起，逐渐恢复。大孤山天后宫的神像得以重塑，信众逐渐恢复祭拜活动。

世纪之交以来，与世界结合日益紧密的中华大地，在西方世界遗产保护活动的推动下，在现代民族国家建设的要求下，在经济建设所带动的文化、社会建设的促进下，兴起了以"文化遗产保护"为代表的文化保护和开发热潮。孤山镇身处其中，亦不例外。

2008 年农历三月二十三日，孤山镇所属的东港市正式成立"东港市妈祖文化交流协会"，确立宗旨为："致力于妈祖传统文化的保护和妈祖文化资源的整合，以一种'抢救'的姿态搞好东港地区妈祖文化的挖掘整理工作，以协会为载体，广泛开展妈祖文化的联谊和交流活动"，"提高妈祖文化品位，发展妈祖文化事业"②。协会经费由各理事单位赞助。协会的成员来自于各级政府部门或与政府紧密相关的各种组织。

协会成立后，2008 年 5 月 10 日，协会理事、东港市广播电视局副局长与东港市文体局局长带队到福建湄洲妈祖祖庙，恭迎妈祖分灵金身。"5 月 14 日上午 9 时，市有关部门在大孤山山门前隆重举行了恭迎仪式"③。此后，孤山镇于 2008 年农历四月十八、2009 年农历三月二十三、2010 年农历三月二十三，分别举行了隆重的大孤山妈祖祭典巡游活动。据《海角妈祖》一书记载："在市委、市政府的支持下，东港市妈祖文化交流协会恢复了中断长达半个世纪的妈祖祭典和巡游活动，参加祭典的信众多

---

① 孤山镇人民政府. 大孤山镇情叙略长篇（初稿）[M]. 卷一. 手抄本未出版. 138 – 142.

② 《大孤山海神娘娘（妈祖）祭祀巡游申请辽宁省非物质文化遗产名录项目申报书》第五项.

③ 岳长贵，许敬文编著. 海角妈祖 [M]. 北京：群众文化出版社，2009.89.

达20余万人①,真可谓万民空巷,天地动容。与此同时,协会还全力配合有关部门,进行了妈祖祭典申报省级非物质文化遗产的工作……"②

从以上材料我们得知,东港市妈祖文化交流协会虽然在法律上属于"民间组织",但无论从人员构成,或者经费来源和活动组织,处处都能看到地方政府的积极参与和强力干预。地方政府的热情来自何处?

东港市政府与孤山镇政府对于恢复境内妈祖信仰活动的支持,前述的席卷全国的文化保护和开发热潮是基本背景,而直接的动因来自于当地政府追求地方经济、社会和文化发展的"政绩"目标。与孤山镇和东港市相距不远、隔海相望的山东省长岛县为此提供了鲜活的成功范例。

长岛县政府于2001年开始开发当地妈祖文化资源,县长袁旭亲自担任妈祖文化研究会会长,成功举办多届全国性的妈祖文化节,并组团到台湾等地访问交流,"在台湾引起很大轰动",袁县长因此被称为"妈祖县长"。这位妈祖县长曾告诉东港市政府到长岛县的学习取经人员:"长岛县以弘扬妈祖文化为载体,不仅提高了在海内外的知名度,而且促进了旅游业的大发展。2008年光是旅游门票收入就突破了4200万元。经过多年努力,长岛县已被国家有关部门批准为中国北方对台文化交流基地……"她还善意地提醒:一定要协调好方方面面的关系,加大宣传力度,要让社会各界人士都了解弘扬妈祖文化的重要意义;要以其为载体,促进对台地区,对日、韩、朝的文化交流;最核心的问题,还是要通过弘扬妈祖文化为推动地方经济和社会发展服务……席

---

① 东港市全市人口只有64万人,而孤山镇城乡人口共计48307人(第五次人口普查数据),可见当地民众的参与程度之高。

② 岳长贵,许敬文编著. 海角妈祖[M]. 北京:群众文化出版社,2009. 115.

间,她详细介绍了长岛县弘扬妈祖文化方面的许多做法,并将他们起拟的《关于长岛县妈祖文化节实施方案》送给东港市政府到长岛县学习取经人员。①

在沉寂了半个多世纪之后,孤山地区各种妈祖信仰活动在地方政府的极力推动下,轰轰烈烈的重新开展起来。除了前述的由半官方的"妈祖文化交流协会"组织的隆重的妈祖公祭巡游以外,孤山各地的天后宫得以逐步重建或新建,民间祭祀的规模也越来越大。

与此同时,有两个必须要交待的背景因素:一是"湄洲妈祖祭典"于2006年5月被批准为首批国家级非物质文化遗产代表作;二是2009年9月30日,中国政府提名的妈祖信俗被列入联合国《人类非物质文化遗产代表作名录》,妈祖信俗成为我国首个信俗类世界文化遗产。这两个背景因素的意义在于——在中国封建帝国皇帝最后一次对妈祖赐封(同治十一年,公元1872年)一百三十多年后,妈祖信仰再次得到了国家层面的正式承认。更进一步的是,在全球化时代的今天,妈祖信仰还以"信俗"的名义得到了更高实体的承认——联合国将其列入了一个意味着强有力的保护责任和巨大的可得利益的名单,即《人类非物质文化遗产代表作名录》。

恍若隔世,我们似乎又看到了历史上曾经在孤山地区信仰空间里上演过的一幕:得到国家力量鼓励(这一次又加上了联合国的力量)的妈祖信仰以"妈祖文化"和"妈祖信俗"的形式在孤山地区勃然复兴②,地方政府和地方精英对此显示出极大的热

---

① 岳长贵,许敬文编著. 海角妈祖 [M]. 北京:群众文化出版社, 2009. 95-99.

② 妈祖信仰在当代为何以"文化"和"信俗"的形式出现,请参考香港中文大学副研究员吴真博士的精彩论述,参见:吴真. 从封建迷信到非物质文化遗产:民间信仰的合法化历程. 中国宗教报告2009. 北京:社会科学文献出版社, 2009. P161-180.

情，积极操办巨大规模的祭祀仪式（政府毫不掩饰的出钱出力，官员们甚至亲自为妈祖金身抬轿），而孤山百姓则蜂拥向祭典现场和天后宫，聆听政府官员们在祭典现场和宣传媒体里宣布赋予大孤山海神娘娘的全新封号——"辽宁省省级非物质文化遗产"。

与此同时，孤山地区那些曾经和妈祖一起经历了半个多世纪沉寂的其他信仰，如龙王、三霄娘娘或者药王的祭祀活动，虽然也有一定程度的复兴，但由于没有得到官方给力，无一例外地被淹没在"20万人参加"的妈祖祭典巡游的光芒之下[①]。

笔者认为，在孤山历史上曾经借助国家力量"标准化"当地信仰空间的妈祖信仰，在现当代凭借更为强大的上层力量，再次对孤山地区的信仰空间进行了"标准化"的过程。同时，国家（以及联合国）、地方政府、地方精英、信众对此过程和结果有着明显不同的理解和认识。笔者把这一过程称为"神的再标准化"。

事实上，沃森所说的"神的标准化"是一个动态的过程，这个过程会有起伏，甚至数次反复、几多轮回。以此看来，"神的再标准化"的概念不过是对这个"过程"的某种深度解释，是对历史上曾经有过的神的标准化过程在现当代表现的一种概括。

在"神的标准化"和"神的再标准化"两个概念的启发之下，同时也站在两个概念的基础上，笔者认为，在当下以"文化遗产保护"为名的民间文化保护工作中，存在着国家力量深入到民间文化最细微的角落，并对民间文化进行有选择、有侧重的保护现象，导致保护名单以外的（甚至较后列入名单的）民间文化被选择性地忽视，进而间接加速了某些民间文化的消亡。笔者把这个过程命名为"民间文化的标准化和再标准化"。

---

① 据田野考察所见，当笔者问起本地的民间信仰，几乎所有当地人都会说起妈祖祭典巡游，而其他信仰则回答得零碎不堪。

第六章 思考：民间文化的标准化、再标准化与整体性保护

第三节 民间文化的标准化与再标准化

1978年以后日益勃兴于中华大地上的各种形式的民间文化保护活动，既有广泛参与、蓬勃兴盛的积极面相，也存在仓促凌乱，甚至浑水摸鱼的乱象——如被广泛诟病的"文化搭台，经济唱戏"，为旅游创收而制造伪民俗甚至随意歪曲民族文化本义，以及对民间文化以部门利益为指向的分割保护①等。本研究并不针对这些因为利益冲动导致的"心怀叵测"的乱象，而是要分析当代文化保护工作中那些抱着美好初衷但却收效甚微的举动。

进入新世纪后，在新一轮西方话语的影响下②，中国的民间文化保护逐渐有了新的名义和新的定位——文化遗产保护。比照"国际惯例"，中国的世界级、国家级和省市级文化遗产的整理、申报和保护开发工作逐一展开。对此工作的意义和目标，政府的公开话语体系是如此表述的（以非物质文化遗产保护为例）：

非物质文化遗产既是历史发展的见证，又是珍贵的、具有重要价值的文化资源。我国各族人民在长期生产生活实践中创造的丰富多彩的非物质文化遗产，是中华民族智慧与文明的结晶，是联结民族情感的纽带和维系国家统一的基础。③

---

① 在我国，"文物"、"非物质文化遗产"和"历史文化名城名镇"的管理，分属不同行政部门。

② 中国近代历史上对待民间信仰等民间文化的态度，在西方话语的影响下有过两次大的变化。参见：吴真．从封建迷信到非物质文化遗产：民间信仰的合法化历程．中国宗教报告 2009. 北京：社会科学文献出版社，2009. 179.

③ 国务院办公厅关于加强我国非物质文化遗产保护工作的意见（国发办〔2005〕18号）．中央政府门户网站 www. gov. cn. 2005年08月15日．

我国非物质文化遗产所蕴涵的中华民族特有的精神价值、思维方式、想象力和文化意识，是维护我国文化身份和文化主权的基本依据。加强非物质文化遗产保护，不仅是国家和民族发展的需要，也是国际社会文明对话和人类社会可持续发展的必然要求。[①]

　　非物质文化遗产保护工作的目标：通过全社会的努力，逐步建立起比较完备的、有中国特色的非物质文化遗产保护制度，使我国珍贵、濒危并具有历史、文化和科学价值的非物质文化遗产得到有效保护，并得以传承和发扬。[②]

　　而具体的工作步骤，则大体如下：
　　首先是确认保护对象类别的范围，如《文物保护法》确认何为"文物"，《国家级非物质文化遗产代表作申报评定暂行办法》确认何为"非物质文化遗产"，《历史文化名城名镇名村保护条例》确认何为"名城名镇名村"；
　　其次是具体保护对象的申报与确认。申报单位为"文化所在地"的基层政府（县、市、省级政府），确认单位为该基层政府的上级政府（市、省、国家级政府）。经过该程序批准后，具体保护对象获得某具体称号，如"某某级文物保护单位"、"某某级非物质文化遗产"或"某某级历史文化名镇"（值得一提的是，在同等类别同等级别的文化保护对象中，依据其被政府批准称号次序的先后，存在着某种微妙的不平等关系，如很多地方政府在

[①] 国务院办公厅关于加强我国非物质文化遗产保护工作的意见（国发办〔2005〕18号）．中央政府门户网站 www.gov.cn. 2005年08月15日．
[②] 同上。

其文化保护宣传手册上刻意强调"首批"某某级非物质文化遗产、"第一批公布"的文物保护单位等等。显然,在某种程度上,政府把文化保护对象批准和确认的时间先后,与该保护对象的文化价值高低联系了起来)。

然后,就是各级政府依据该保护对象获得的称号,即其"合法的"保护级别,施以不同程度的保护。按照法律规定,如果地方政府不依法保护该对象,上级政府可以追究其领导人行政乃至刑事责任。

最后就是对被确认的文化保护对象的开发工作①。

可见,尽管我们能够轻易地找到一些民间力量积极参与其中的证据,但事实上国家力量主导着当代中国的文化保护工作。通过一系列符合国家意识形态的法律程序,国家力量渗透到文化保护工作的每个环节。

与历史上的国家不同,随着现代国家对社会控制力的不断加强,以及全球化时代现代国家的治理理念,现代国家力量在人类历史上第一次深入到民间文化的角角落落,深入到孕育社会文化"大传统"和"小传统"的基础和根基之中——在沃森所研究的"神的标准化"时代(明清时期),国家力量只会对诸如天后、关帝等民间文化有"标准化"的兴趣,而断不会理会诸如剪纸、绣花鞋垫等民间艺术。而在今天,国家力量不仅保持着对天后、关帝的浓厚兴趣,对剪纸和刺绣也不再漏过②。在国家力量全方位扩张的条件下,"文化标准化"的层级越来越深,"文化标准化"的对象不断增多。笔者称为"文化标准化的扩大化"。

得到国家力量确认的民间文化,除了获得相关称号及保护待

---

① 参考《文物保护法》、《国务院办公厅关于加强我国非物质文化遗产保护工作的意见》、《历史文化名城名镇名村保护条例》等。
② 在国家第一批非物质文化遗产名录中,剪纸和刺绣均榜上有名。

遇，其由此衍生的"市场价值"在市场经济社会里得到彰显——利益相关者（各级政府及文化产业开发商）不断追寻着文化保护工作衍生利益的最大化，而市场化的经营手段和宣传手段又让这种效果和影响力一再放大。与此同时，一个越来越明显的趋势是：那些没有被国家承认的"民间文化"（包括暂时没有被承认和永远不会被承认的民间文化），甚至已被国家承认但无法被重视（如承认时间较晚或没有市场影响力）的民间文化，都将被那些国家已经承认并被市场化力量一再彰显的"强势的"民间文化所"标准化"——被妈祖信仰所淹没的孤山龙王崇拜和三霄娘娘崇拜，或者政府圈定的"传承人名单"之外的某个绣花鞋垫制作者，都是"标准化"的对象。

据此，笔者认为，当代中国对民间文化进行保护的工作过程，是对民间文化进行"标准化"和"再标准化"的过程——对那些在历史上曾经标准化过的文化事项，如天后或者关帝信仰，是"民间文化的再标准化"；而对那些在历史上不曾有过标准化经历的文化事项，如剪纸和鞋垫，则是初次的"民间文化的标准化"。

在"民间文化的标准化和再标准化"的过程中，国家、地方政府、地方精英（含法定传承人）、广大民众各自扮演着不同角色，并对这个过程有着不同认识和理解。国家对此的认识是前述的"联结民族情感的纽带、维系国家统一、维护我国文化身份和文化主权"，以及"国家和民族发展的需要，国际社会文明对话和人类社会可持续发展的必然要求"；地方政府也有些许"继承和发扬地方文化"的初衷，但更多是经济利益和政绩导向的驱动；地方精英在此过程中追寻自身的物质利益、社会声望和人生价值；而广大民众则基本处于顺势而行或者被动接受的状态。

"民间文化的标准化与再标准化"概念的意义在于，从一个新的视角揭示出当代文化保护工作中存在问题背后的力量和逻辑，以及在正视"民间文化标准化与再标准化"所导致的文化原真性和文化生态圈遭到破坏的基础上，更加坚定地探索民间文化的"整体性保护之路"。民间文化的"生产性保护"、"活态传承"以及更多文化生态区的建设①，都将是"有中国特色的"文化保护工作的未来努力方向。

第四节　妈祖文化遗产整体性保护的几点思考

一、保护妈祖信俗传承的文化空间

文化遗产保护要从重视单一的文化要素向重视由文化要素与自然要素相互作用而形成的"文化空间"保护方向发展。把"文化生态"理念引入非物质文化遗产的调查、保护过程，其实是强调一种文化整体观念。

《人类口头及非物质文化遗产代表作宣言》将文化空间定义为"具有特殊价值的非物质文化遗产的集中表现。它是一个集中举行流行和传统文化活动的场所，也可定义为一段通常定期举行特定活动的时间。这一时间和自然空间是因空间中传统文化表现形式的存在而存在"。文化空间不能仅仅理解为地理概念，它并不确指某个地点。从文化遗产的角度看，地点是指可以找到人类智慧创造出来的物质存留，像有纪念物或遗址之类的地方。文化

---

① 关于文化生态区建设方面的论文，可参见：祁庆富. 存续"活态传承"是衡量非物质文化遗产保护方式合理性的基本准则. 中南民族大学学报（人文社会科学版），2009（3）. 祁庆富. 非物质文化遗产的真魂在于"活态传承". 重庆三峡学院学报，2009（2）. 祁庆富. 关于少数民族文化生态区保护的思考. 中国非物质文化遗产，2007（2）. 祁庆富. 民间信仰：少数民族文化价值的集中体现. 中国民族报，2008年3月21日第9版. 以及宋希斌、吕品田、王文章等学者的相关论著。

空间是一个人类学的概念，它指的是传统的或民间的文化表达方式有规律性地进行的地方或一系列地方。

辽宁省东港市孤山镇地区具有深厚的历史文化底蕴，该地妈祖文化经过一代又一代人的传承和弘扬，已具有浓郁的地域文化特色，成为本地区优秀传统文化的重要组成部分，十分具有典型性。孤山镇是省级的历史文化名镇，目前，当地政府正在积极申报"国家级历史文化名镇"，这正是保护妈祖文化生存的文化空间的积极举动。

二、重视妈祖文化的活态传承

文化遗产保护，应从过去重视"静态遗产"向重视"动态遗产"转变。

妈祖文化流行于中华文化圈已有上千年，是植根于中华文化之林的一棵参天大树。妈祖文化具有典型的平民性、实用性、兼容性，具有比较广泛的群众基础，且能为主流意识形态所包容，伴随着海洋文明的发展时兴时衰。目前，无论基于政治，还是经济、文化的目的（或是兼而有之的目的），妈祖文化已经越来越得到官方和民间的认可和重视，因此，弘扬妈祖文化，发展相关文化产业，推进海峡两岸交流，已成为许多有妈祖文化遗存地区的文化事业发展的重要内容。

保护非物质文化遗产，归根到底是对传承制度、传承环境和传承人的保护。随着时代的变迁，非物质文化遗产的传承体系和传播方式赖以存在的社会环境，已经发生了不可复原的巨大变化，我们没有可能再营造出相应的古代社会环境。但是，我们可以研究如何把握它的生存机制，怎样保护它的生存能力等，并在此基础上探索时代变迁背景下的文化保护之道。非物质文化遗产与物质文化遗产差异在于它的"活态性"。"活态传承"是非物质文化遗产的"真魂"。"代代相传"、"世代承继"是非物质文化遗产的本质属性。

三、让文化遗产更有尊严

2010年3月21日，在博鳌国际旅游论坛"文化体育与旅游"主题论坛上，国家文物局局长单霁翔呼吁：在文化遗产保护与发展的关键时期，只有倾心加以保护，才能实现文化遗产应有的尊严。有尊严的文化遗产，才能实现自身价值。由此，"怎样让文化遗产更有尊严"的时代议题走入了人们的视线。

文化遗产在当今中国有两副面孔：要么蓬头垢面、破烂不堪，被当地政府视为经济发展中的绊脚石，环境整治的死角；要么被视为经济发展的"摇钱树"，在保护、开发和传承过程中充斥物质利益的考虑。而无论文化遗产是哪副面孔，居住于其中的群众都因为受到文化遗产保护要求的限制，生活水平无法得到全面改善，和居住在控制区外的人群生活水平差距越来越大。这种局面无法让身处文化空间之中的文化遗产"有尊严的存在"。

怎样才能树立"文化遗产尊严"的观念，让文化遗产在社会上不再处于被人怜悯或出于经济利益而"虚假关心"的对象，还文化遗产以应有的尊严，为人们所尊重，让拥有它们的人民为之骄傲和自豪，需要我们更加细致、耐心和科学的努力。

结　　语

"妈祖文化"源远流长,是中华文化圈独特的文化瑰宝。妈祖崇拜遍及我国沿江沿海及东南亚各国,形成别具一格的文化形态。宋代中期以后,形成于中国南部海疆的妈祖信仰传入我国海疆的最北端——孤山镇。孤山镇风光秀美的自然山水,独具意义的历史建筑及构筑物遗产,深厚的民间文化,为妈祖文化的传承和发展提供了广阔的文化生存空间,也造就了独具地方特色的地方妈祖文化。

弘扬妈祖文化,离不开对地区妈祖文化遗产的总结整理。广泛挖掘流传于民间有关妈祖文化方面的传说、故事、诗歌、舞蹈,以及对本历史遗存的天后宫遗址、遗迹的考证,包括有关妈祖文化方面的社会习俗、祭祀活动等文化遗产,是保护和弘扬优秀历史文化遗产的重要工作。

妈祖文化本质上是一种和谐文化,反映了人类对"真、善、美"的追求和向往。保护妈祖文化应尽力避免将其引向宗教范畴,积极保护其深刻依存的文化空间,全面、动态地把握其生存机制,做到整体的活态传承。

大孤山天后宫作为我国海疆最北端的妈祖庙以及辽宁地区现存最大的妈祖庙,在中华妈祖信仰圈中具有标志性地位。无论从学术研究角度还是妈祖文化交流的角度,孤山镇妈祖文化都具有不能忽视的重要意义。因此,对孤山妈祖信俗的研究和保护应该给予更多的重视。

妈祖文化遗产保护的关键是保护妈祖文化文化空间,对孕育和滋养妈祖文化的民间文化予以整体性保护，使其活态传承，尽量避免部分弱势民间文化被"标准化"和"再标准化"，是贯穿于整个保护过程中的关键内涵。

我们坚信，实现文化遗产的尊严，是实现文化遗产拥有者自身尊严的关键内涵——基于文化自觉的民族文化遗产拥有者，永远能够傲然屹立于世界民族之林。

参考文献

[1]（民）程廷恒修、张素纂.复县志略.民国九年（1920）石印本.

[2]（民）石秀峰，辛广瑞修；王郁云纂.盖平县志.民国十九年（1930）.

[3]（民）廷瑞，孙绍宗修.海城县志.张辅相纂.民国十三年（1924）铅印本.海城大同书局.

[4]（民）王文藻、陆善格、朱显廷纂.锦县志略.卷四.民国九年（1920）本.

[5]（民）翟文选、臧式毅修；王树楠、吴廷燮等纂.奉天通志.民国二十三年（1934）铅印本卷.

[6]（民）赵恭寅修、曾有翼等纂.沈阳县志.民国六年（1917）.铅印本.

[7]（明）毕恭等纂修、李辅重修.全辽志.抄本.

[8]（清）阿桂等修；（清）刘谨之、（清）程维岳纂.钦定盛京通志.民国六年（1917）.铅印本.

[9][美]葛凯伦.为什么选择一个女人当保护神.郭骥（译）.海内外学人论妈祖[C].林文豪主编.北京：中国社会科学出版，1992.122-127.

[10][美]詹姆斯·克利福德、乔治·E.马库斯编著.写文化——民族志的诗学与政治学.高丙中、吴晓黎、李霞等译，北京：商务出版社，2006.

[11][日]池步洲.日本遣唐使简史[M].上海：社会科

学院出版社，1983．

[12][日]端木蕻良．海骆驼赞．随笔．1987（3）．

[13][日]伊能嘉矩．台湾汉人信仰之海神．人类学杂志，1918年第303卷第六、第八号．

[14][美]詹姆斯·沃森．神的标准化：在中国南方沿海地区对崇拜天后的鼓励（960—1960年）[C]．[美]韦思谛编．中国大众宗教．陈仲丹译．南京：江苏人民出版社，2006．

[15]北京市平谷区文化委员会编．畿东泰岱——丫髻山[M]．北京：北京燕山出版社，2008．

[16]蔡加珍．旅游产品生命周期理论视野下湄洲岛妈祖文化旅游资源开发研究[D]．[硕士学位论文]华侨大学．2005．

[17]蔡少卿．中国民间信仰的特点与社会功能——以关帝、观音和妈祖为例[J]．江苏大学学报（社会科学版）．2004（4）．32-35．

[18]蔡相辉．台湾的王爷与妈祖[M]．台北：台原出版社．1989．

[19]陈国强主编．妈祖信仰与祖庙[M]．福建教育出版社出版，1990．

[20]陈蓉蓉．从女性主义论妈祖的人格特质．庆安会馆 http：//www.nbwb.net/qahg/index.asp 发布时间：2010-05-15．

[21]陈耀庭．辽东地区妈祖庙初探．妈祖信仰的发展与变迁：妈祖信仰与现代社会国际研讨会论文集[C]．林美容、张珣、蔡相辉主编2003.309-322．

[22]陈育崧．天妃考信录[J]．南洋学报．第八卷第二辑．1952．

[23]崔世浩．旅顺天妃庙记碑．辽宁碑刻[M]．大连：大连出版社，2007．

[24]戴元立．兴城海口天后宫．兴城文史资料选辑·第3

辑［M］.1987.67-68.

　　［25］福建师范大学人类学研究所妈祖文化保护研究中心.妈祖文化的人文价值及其遗产保护［N］.光明日报.2003/11/18.

　　［26］傅志岩.天后宫与妈祖文化.古塔朝晖——广济寺览胜［M］.辛发，鲁宝林.南京：金陵出版社.1999.50-51.

　　［27］高德才.浅谈辽宁省行政区划的历史沿革［J］.沈阳师范学院学报（社科版）1996（1）.

　　［28］高德兴.旅游者地方依恋研究——以妈祖朝圣地湄洲岛为例［D］.［硕士学位论文］.福建师范大学.2008.

　　［29］孤山镇人民政府.大孤山镇情叙略长篇（初稿）［M］.手抄本未出版.

　　［30］顾颉刚.天后［J］.民俗.1929.41、42合刊.容肇祖.天后.民俗1929.41、42合刊.

　　［31］郭培贵、刘琳琳.明代《辽东志》与《全辽志》及其研究［J］.文化学刊.2009（5）.144.

　　［32］郭志超.妈祖林氏是古代少数民族［J］.民族.2000（3）.

　　［33］郭志超.妈祖与渔民社会以及胥民群体的关系.两岸学者论妈祖［C］.第二集.1998.

　　［34］国务院办公厅.《国务院关于公布第二批国家级非物质文化遗产名录和第一批国家级非物质文化遗产扩展项目名录的通知》（国发〔2008〕19号）中华人民共和国中央人民政府门户网站.http：//www.gov.cn.

　　［35］国务院办公厅.《国务院关于公布第一批国家级非物质文化遗产名录的通知》（国发〔2006〕18号）。中华人民共和国中央人民政府门户网站.http：//www.gov.cn，登录时间：2011-02-08。

[36] 国务院办公厅关于加强我国非物质文化遗产保护工作的意见（国发办〔2005〕18号）. 中央政府门户网站 www. gov. cn. 2005 年 8 月 15 日。

[37] 韩槐准. 天后圣母与华侨南 [J] 进. 南洋学报（新加坡）. 第二卷第二辑. 1941.

[38] 何兰、王欣铨. 锦州天后宫正殿雕刻艺术初步研究 [J]. 辽宁工业大学学报（社会科学版）2008（6）.

[39] 贺逸夫. 近百年来妈祖研究综述 [J]. 学术月刊. 2003（增）.

[40] 胡乔. 沈阳天后宫. 大东文史资料·第一辑 [M]. 1987. 10. 106 - 107.

[41] 黄陈芳. 福建女神崇拜的社会性别思考. 福建师范大学 [D]. [硕士学位论文]. 2009.

[42] 黄秀琳、林剑华. 妈祖文化在福建旅游业中的价值 [J]. 莆田学院学报. 2005（4）.

[43] 黄雪婷. 清代以前妈祖文献的演变及其价值研究 [D]. [硕士学位论文]. 福建师范大学. 2008.

[44] 纪俊臣. 妈祖信俗与世界文化遗产. 庆安会馆 http：//www. nbwb. net/qahg/index. asp 发布时间：2010 - 5 - 15.

[45] 蒋维锬. 妈祖文化研究的回顾 [C]. 妈祖研究文集. 福州：海风出版社，2006.

[46] 蒋维锬. 妈祖文献资料 [M]. 福州：福建人民出版社，1990.

[47] 金秋鹏. 迄今发现最早的郑和下西洋船队图像资料——（天妃经）卷首插图 [J]. 中国科技史料. 2001（21）.

[48] 金文亨. 妈祖文化和妈祖文化研究. 妈祖研究与民间信仰 [C]. 黄马金主编. 汀州天后宫文物古迹修复协会、汀州妈祖文化国际交流协会，1996.

［49］柯立红．妈祖信仰中的民间装饰设计研究［D］．［硕士学位论文］．福建师范大学．2006．

［50］李伯重．"乡土之神"、"公务之神"与"海商之神"——简论妈祖形象的演变［J］．中国社会经济史研究．1997（2）．47 - 58．

［51］李露露．妈祖神韵——从民女到海神［M］．北京：学苑出版社，2003．

［52］李露露．妈祖信仰［M］．北京：学苑出版社，1994．

［53］李树基．锦州天后宫．锦州文史资料·第六辑[M]．1985. 10. 151 - 153．

［54］李献璋．妈祖信仰研究［M］．郑彭年译．澳门：澳门海事博物馆．1979．

［55］梁静华．男性话语下的妈祖崇拜．海南广播电视大学学报［J］．2009（2）．

［56］辽宁年鉴．2005．辽宁人民政府网．http：//www. ln. gov. cn/zjln/lnnj/2004/．

［57］廖汉臣．北港朝天宫与其祭典．台湾文献［M］．第十六卷第三期．1965．

［58］廖彭、李绍阳修．宋抡元等纂．庄河县志．奉天作新印刷局．民国10年（1921）．

［59］林衡道．大天后宫［M］．台湾文献．第二十五卷第三期．1974．

［60］林庆昌．妈祖真迹——兼注释、辨析古籍《敕封天后志》［M］．广州：中山大学出版社．2003．

［61］林文豪．关于妈祖文化．妈祖研究文集．蒋维锬编［M］．福州：海风出版社，2006．

［62］林文豪主编．世界妈祖庙大全［M］．香港：国际炎黄文化出版社，2003．

[63] 刘恒恺. 青堆镇天后宫. 庄河文史资料·第七辑[M]. 1991. 98－100.

[64] 刘秀丽. 海角风情[M]. 长春：吉林摄影出版社，2006.

[65] 刘枝万. 台湾省寺庙教堂名称、主神地址调查表[J]. 台湾文献. 第11卷第2期. 1960.

[66] 马书田、马书侠. 全像妈祖[M]. 南昌：江西美术出版社，2006.

[67] 马义、丁铭. 妈祖供在辽河边[J]. 今日辽宁. 2007年4期.

[68] 彭慕兰. 泰山女神信仰中的权力、性别与多元文化[C]. 〔美〕韦思谛编. 中国大众宗教. 陈仲丹译. 南京：江苏人民出版社，2006.

[69] 彭湃. 莆仙戏班到桓仁以后. 桓仁文史资料. 第二辑. 1987年12月. 77－81.

[70] 莆田市博物馆副馆长林祖良编撰. 妈祖[M]. 福建教育出版，1989.

[71] 莆田市地方志编撰委员会编. 莆田市志. 北京：方志出版社，2001.

[72] 莆田市地方志编撰委员会编. 莆田市志. 北京：中华书局. 1994.

[73] 祁庆富. 存续"活态传承"是衡量非物质文化遗产保护方式合理性的基本准则. 中南民族大学学报（人文社会科学版），2009（3）.

[74] 祁庆富. 非物质文化遗产的真魂在于"活态传承". 重庆三峡学院学报，2009（2）.

[75] 祁庆富. 关于少数民族文化生态区保护的思考. 中国非物质文化遗产，2007（2）.

[76] 祁庆富. 民间信仰：少数民族文化价值的集中体现.

中国民族报．2008年3月21日第9版．

[77] 秦岭．大连地区的妈祖信仰［J］．戏剧丛刊．2009（1）．

[78] 曲金良．从龙王爷到"国家级"海洋女神——中国历代海洋信仰［D］．海洋世界．20060（2）．

[79] 曲金良．环渤海圈民间海神娘娘信仰的历史与现状［J］．民间文化论坛．2004（6）．

[80] 泉州海外交通史博物馆调查组．天后史迹的初步调查．海交史研究．1987（1）．46-65．

[81] 容肇祖．跋天后［J］．民俗．1929．81、82期合刊．

[82] 山曼主编．节庆［M］．济南：山东友谊出版社，2004．167．

[83] 尚允川．大连天后宫．辽宁文史资料·第十九辑——（辽宁名寺）［M］．1987．205-208．

[84] 尚允川．大连天后宫．王元良、曲本德、杨丽春．西岗区文史资料第3辑．1991．55-62．

[85] 孙传青主编．中国民间文学集成辽宁卷《东沟资料本》［M］．出版社不详，1986．

[86] 孙晓天、李晓非．从孤山妈祖信仰看神的再标准化．莆田学院学报．2011（2）．

[87] 宛树邦．沈阳市内的两座天后宫．沈河文史资料·第三辑（寺庙专辑）［M］．1992．2．77-79．

[88] 万建中．非物质文化遗产的生存机制——以广东汕尾妈祖信仰为例［J］．广西民族大学学报（哲学社会科学版）2008（3）．

[89] 汪楫．使琉球杂录·神异．清康熙二十二年（1863）．

[90] 王从安．天后宫修建始末．桓仁史话．富国良主编．桓仁满族自治县人民政府地方志办公室，1999．

［91］王从安．天后宫修建始末．桓仁史话．富国良主编．桓仁满族自治县人民政府地方志办公室，1999．170－172．

［92］王芳辉．标准化与地方化——宋元以来广东的妈祖信仰研究［J］．文化遗产．2008（3）．

［93］王荣国．海神妈祖信仰在沿海一带传播中的变异［J］．福建宗教．2000（6）．

［94］王苧萱．妈祖文化在环渤海地区的历史传播与地理分布［D］．［硕士学位论文］中国海洋大学．2008．

［95］魏应麒．福建三神考［M］．出版社不详．1929．

［96］闻石．营口庙宇散记（之一）——天后行宫．营口文史资料·第四辑［M］．1986．96－100．

［97］翁珠琴．东坡村：文化权利的困惑与妈祖女信徒的命运［D］．［硕士学位论文］福建师范大学．2007．

［98］吴真．从封建迷信到非物质文化遗产：民间信仰的合法性历程［C］．中国宗教报告（2009）．北京：社会科学文献出版社．2009．

［99］吴真．民间信仰研究三十年［J］．民俗研究．2008（4）．

［100］夏琦．妈祖传说的历史发展［J］．幼狮学志．第一卷第三期．1962．

［101］夏琦．妈祖信仰的地理分布［J］．幼狮学志．第一卷第四期．1962．

［102］小岛村——黄海之滨奏响和谐乐章．鸭绿江晚报．http：//www．yljwb．cn/news/shxw/20060529081629．html．

［103］谢云声．异代同居的天后与吴真人［J］．民俗1929．第61－62期．

［104］谢重光．试论妈祖信仰的社会功能［J］．中共福建省委党校学报．2002（1）．67－61．

[105] 徐晓望. 妈祖信仰史研究 [M]. 福州：海风出版社, 2007.

[106] 许敬文主编. 东沟县志. 沈阳：辽宁人民出版社, 1996.

[107] 许敬文. 由县志缺少妈祖文化记述引发的思考 [C]. 中国东港 www. donggang. gov. cn 发布时间 2008 – 04 – 23.

[108] 闫化川. 妈祖信仰的起源及其在山东地区传播史研究 [D]. [博士学位论文] 山东大学, 2006.9

[109] 杨光主编. 海角东港 [M]. 北京：中国文联出版社. 2006.

[110] 杨光主编. 人文东港 [M]. 北京：中国文联出版社. 2006.

[111] 杨孔炽. 简论妈祖信仰的人文价值及其遗产保护和开发的紧迫性. 民族文化遗产（第一辑）[C]. 祁庆富主编. 北京：民族出版社, 2004.

[112] 姚丽君. 奇观营造与文化认同——媒介图景中的妈祖文化. 郑林群. 妈祖文化与戏剧活动 [D]. [硕士学位论文]. 厦门大学. 2009. 苏州大学. 2009.

[113] 姚舒然. 妈祖信仰的流布与流布地区妈祖庙研究 [D]. [硕士学位论文]. 东南大学. 2007.

[114] 余荣敏. 女权视角下的妈祖形象解读 [J]. 福建省社会主义学院学报. 2007（4）.

[115] 岳长贵, 许敬文编著. 海角妈祖 [M]. 北京：群众文化出版社, 2009.

[116] 曾美香. 妈祖文献学研究 [D]. [硕士学位论文]. 华中师范大学. 2008.

[117] 张大任. 从广东省妈祖宫资料看历史上闽粤关系——《妈祖宫集成》广东省部分. 福建论坛（人文社会科学版），1996

(5).

[118] 张奎藩. 旅顺天后宫. 旅顺口文史资料·第一辑[M]. 1992. 89-91.

[119] 张涛著. 孤山独白[M]. 北京：民族出版社, 2000.

[120] 张殉. 东南亚妈祖铭刻萃编[J]. 中研院东南亚区域研究通讯. 1998年第66、70期.

[121] 张所文. 民间俗闻稗考（下册）. 未出版.

[122] 郑衡泌. 妈祖信仰传播和分布的历史地理过程分析[D]. [硕士学位论文]. 福建师范大学. 2006.

[123] 郑丽航、蒋维锬主编. 妈祖研究资料目录索引[G]. 福州：海风出版社. 2005.

[124] 郑林群. 妈祖文化与戏剧活动[D]. [硕士学位论文]. 厦门大学. 2009.

[125] 郑明忠、陈建城. 妈祖神化传说对社会习俗的影响. 妈祖研究论文集[C]. 厦门：鹭江出版社, 1989. 224-226.

[126] 中国第一历史档案馆、湄洲妈祖祖庙董事会等合编. 清代妈祖档案史料汇编[M]. 北京：中国档案出版社. 2003.

[127] 中华人民共和国文化部办公厅, 中国文化报社编. 中国新时期地方文化发展概览（上）[M]. 北京：文化艺术出版社, 2000 (5). 824.

[128] 周金琰. 妈祖传说的研究价值. 海内外学人论妈祖[C]. 林文豪主编. 北京：中国社会科学出版, 1992. 155-163.

[130] 周振鹤. 天后[J]. 民俗. 1929. 61、62期合刊.

[131] 朱杰勤. 福建水神天妃考[J]. 南洋学报（新加坡）. 第六卷第一辑. 1950.

[132] 朱天顺. 妈祖研究论文集[C]. 鹭江出版社, 1989.

[133] 庄德. 妈祖史事与台湾的信奉[J]. 台湾文献. 第八卷第二期. 1957.

[134] 邹春生．神明标准化：民间信仰与国家关系的整合——从江西南康刘氏女的出凡入神看客家文化特质的形成[C]．周大鸣，何新亮主编．文化多样性与当代世界，北京：民族出版社，2008.

附　　录

附录1

历代对妈祖的赐封[①]

根据史料，宋、元、明、清几个朝代都对妈祖多次褒封，封号从"夫人"、"天妃"、"天后"到"天上圣母"，并列入国家祀典。参考有关资料择列如下：

1. 宋代14次：
宋高宗绍兴二十六年（1156），封灵惠夫人。
宋高宗绍兴三十年（1160），封灵惠昭应夫人。
宋孝宗乾道三年（1167），封灵惠昭应崇福夫人。
宋孝宗淳熙十一年（1184），封灵惠昭应崇福善利夫人。
宋光宗绍熙三年（1192），封灵惠妃。
宋宁宗庆元四年（1198），封灵惠助顺妃。
宋宁宗嘉定元年（1208），封存灵惠助顺显卫妃。
宋宁宗嘉定十年（1217），封灵惠助顺显卫英烈妃。

[①] 中华佛学网．http：//www.aaa110.com/showcontract.asp?id=26309&fid=27. 登录时间：2011年5月1日。

宋理宗嘉熙三年（1239），封灵惠助顺嘉应英烈妃。
宋理宗宝祐二年（1254），封存灵惠助顺嘉应英烈协正妃。
宋理宗宝祐三年（1255），封灵惠助顺嘉应慈济。
宋理宗宝祐四年（1256），封灵惠协正嘉应慈济妃，封灵惠协正嘉应善庆妃。
宋理宗景定三年（1262），封灵惠显济嘉应善庆妃。

2. 元代 5 次：
元世祖至元十八年（1281），封护国明著天妃。
元世祖至元二十六年（1289），封护国显佑明著天妃。
元成祖宗大德三年（1299），封护国辅圣庇民显佑明著天妃。
元仁宗延祐元年（1314），封护国辅圣民显佑广济明著天妃。
元文宗天历二年（1329），封护国辅圣庇民显佑广济灵感助顺福惠徽烈明著天妃。

3. 明代 2 次：
明太祖洪武五年（1372），封"昭孝纯正孚济感应圣妃"。
明成祖永乐七年（1409），封"护国庇民妙灵昭应弘仁普济天妃"。

4. 清代 15 次：
康熙十九年（1680），封"护国庇民妙灵昭应弘仁普济天上圣母"。
康熙二十三年（1684），封"护国庇民妙灵昭应仁慈天后"。
乾隆二年（1737），封"护国庇民妙灵昭应弘仁普济福佑群生天后"。
乾隆二十二年（1757），封"护国庇民妙灵昭应弘仁普济福佑群生诚感咸孚天后"。

乾隆五十三年（1788），封"护国庇民妙灵昭应弘仁普济福佑群生诚感咸孚显神赞顺天后"。

嘉庆五年（1800），封"护国庇民妙灵昭应弘仁普济福佑群生诚感咸孚显神赞顺垂慈笃佑天后"。

道光六年（1826），封"护国庇民妙灵昭应弘仁普济福佑群生诚感咸孚显神赞顺垂慈笃佑安澜利运天后"。

道光十九年（1839），封"护国庇民妙灵昭应弘仁普济福佑群生诚感咸孚显神赞顺垂慈笃佑安澜利运泽覃海宇天后"。

道光二十八年（1848），封"护国庇民妙灵昭应弘仁普济福佑群生诚感咸孚显神赞顺垂慈笃佑安澜利运泽覃海宇恬波宣惠天后"。

咸丰二年（1852），封"护国庇民妙灵昭应弘仁普济福佑群生诚感咸孚显神赞顺垂慈笃佑安澜利运泽覃海宇恬波宣惠导流衍庆天后"。

咸丰三年（1853），封"护国庇民妙灵昭应弘仁普济福佑群生诚感咸孚显神赞顺垂慈笃佑安澜利运泽覃海宇恬波宣惠导流衍庆靖洋锡祉天后"。

咸丰五年（1855），封"护国庇民妙灵昭应弘仁普济福佑群生诚感咸孚显神赞顺垂慈笃佑安澜利运泽覃海宇恬波宣惠导流衍庆靖洋锡祉恩周德溥天后"。

咸丰五年（1855），封"护国庇民妙灵昭应弘仁普济福佑群生诚感咸孚显神赞顺垂慈笃佑安澜利运泽覃海宇恬波宣惠导流衍庆靖洋锡祉恩周德溥卫漕保泰天后"。

咸丰七年（1857），封"护国庇民妙灵昭应弘仁普济福佑群生诚感咸孚显神赞顺垂慈笃佑安澜利运泽覃海宇恬波宣惠导流衍庆靖洋锡祉恩周德溥卫漕保泰振武绥疆天后之神"。

同治十一年（1872），要再加封时，"经礼部核议，以为封号字号过多，转不足以昭郑重，只加上'嘉佑'二字。"

附录2

历代对妈祖的赐封东港地区潮汐谚语[1]

大潮雨，小潮风。
初三水，十八汛（大汛潮）。
十二三，正晌干。
初五、二十正晌满（高潮）。
十五、三十夜八点（高潮）。
初六、二十一，天亮到海底。
初八、二十三，潮水涨不上滩。
二十四、五，潮不力浦（小潮汛）。
月上天，潮涨滩。
初一、十五涨大潮。
潮水哗哗响，要有大风降。
涨潮的风，退潮的雨。
月上东山，潮水满滩。
蟹子起水，海上风吹。
彩云往北，老汉挽腿。
彩云往南，老汉乘船。
海猫子叫，潮来到。

---

[1] 杨光主编. 人文东港 [M]. 北京：中国文联出版社. 2006. 263.

附录3

孤山——大鹿岛乘船时刻表①

	农历			农历			农历	
初一	十六	7：00	初六	二十一	10：10	十一	二十六	15：00
初二	十七	7：30	初七	二十二	11：00	十二	二十七	15：30
初三	十八	8：00	初八	二十三	11：30	十三	二十八	6：30 15：30
初四	十九	8：30	初九	二十四	12：00	十四	二十九	6：30 16：30
初五	二十	9：00	初十	二十五	14：00	十五	三十	7：00

北井子——獐岛乘船时刻表②

	农历			农历			农历	
初一	十六	7：00	初六	二十一	10：10	十一	二十六	15：00
初二	十七	7：30	初七	二十二	11：00	十二	二十七	15：30
初三	十八	8：00	初八	二十三	11：30	十三	二十八	6：00 18：30
初四	十九	8：30	初九	二十四	12：00	十四	二十九	6：30 18：30
初五	二十	9：00	初十	二十五	14：00	十五	三十	7：00 19：00

① 杨光主编．海角东港［M］．北京：中国文联出版社．2006.211.
② 杨光主编．海角东港［M］．北京：中国文联出版社．2006.212.

附录 4

表 4-1　辽宁省东港市孤山镇古建筑群基本情况表①

名称	建筑年代	建筑面积（平方米）	原貌保存情况	现状规模	文物保护级别
基督教礼拜堂（丹国楼）	1917 年	240	一般	西欧古典建筑风格，二层楼，青砖小红瓦	1988 年 7 月公布县级
崇正女校旧址（讲堂）	1903 年	2000	很好	丹麦古典建筑风格，三层楼 4 栋，青砖灰瓦、红瓦	1988 年 7 月公布县级
清真寺	1910 年	250	一般	红瓦平房 9 间	
观音庵（姑子庙）	1860 年重修	1000	非常好	头道院为倒座观音殿，二道院为大雄宝殿并配有阁楼、禅堂、客厅。	1988 年 7 月公布市级

① 摘自：辽宁省东港市孤山镇历史文化情况表．孤山镇文化中心提供．

续表

名称	建筑年代	建筑面积（平方米）	原貌保存情况	现状规模	文物保护级别
古戏楼	1826年（清道光六年）		良好	楼顶设计别具一格，既有"歇山"又有"硬山"，从前面看具有歇山特点，两角飞檐，华丽堂皇；从后面看又具硬山特征，古朴典雅，庄重魏峨。	省级
天王殿	1816年（清嘉庆二十一年）		良好	木架结构，青砖青瓦，屋脊透雕，屋檐斗拱。	省级
地藏寺	始建于1345年（元朝至正五年）重建于1816年（清嘉庆二十五年）		良好	木架结构青砖、青瓦，屋脊为小瓦叠花戏凤脊，屋脊上塑有六个飞禽走兽，正脊两端各有鸥吻兽，分东、西禅堂房，配有东、西配殿。	省级
大雄宝殿	1802年（清嘉庆七年）		良好	木架结构青砖、青瓦，屋脊为小瓦叠花戏凤脊，屋脊上塑有六个飞禽走兽，正脊两端各有鸥吻兽，分东、西廊房。	省级

续表

名称	建筑年代	建筑面积（平方米）	原貌保存情况	现状规模	文物保护级别
文昌宫	1830年（清道光十年）		良好		省级
梓潼宫	1802年（清嘉庆七年）		良好	二层阁楼	省级
关帝殿	1820年（清嘉庆二十五年）		良好	此殿建筑的特色是砖雕尤为奇特，特别是三重檐的砖雕门楼，龙、虎、鹤、鹿以及各式花卉纹饰，造型生动，雕工精美。整个门楼有雕画36幅，104件雕件，雕刻面积160多平方米，其中最大的雕幅是1.5平方米。建有东西廊房。	省级
财神殿	始建于1820年（清嘉庆二十五年）		良好	木架结构青砖，青瓦，屋脊花戏凤脊，屋脊上塑有六个小瓦叠花戏凤脊，正脊两端各有鸱吻兽，飞禽走兽。西廊房。配有东、分东、西配殿。	省级

续表

名称	建筑年代	建筑面积（平方米）	原貌保存情况	现状规模	文物保护级别
天后宫（海神娘娘）	始建1763年（清乾隆二十八年）重修1882年（清光绪六年）		良好	整个建筑采用梁柱式木结构，榫卯安装水磨砖，鱼鳞瓦，重檐飞檐，垫墩雀替，主体由一个面阔5间的硬山正殿和一个面阔5间卷棚抱厦组成连体建筑，配有娘娘殿戏台，东西配殿各3间。	省级
天后宫前院	始建1763年（清乾隆二十八年）重修1882年（清光绪六年）		良好	有东西配殿各3间	省级
天后宫前殿	始建1763年（清乾隆二十八年）重修1882年（清光绪六年）		良好	有东西客厅，左有鼓楼，右有钟楼	省级

续表

名称	建筑年代	建筑面积（平方米）	原貌保存情况	现状规模	文物保护级别
药王殿	1832年（清道光十二年）		良好	3间，西建有客厅3间、卧室3间，禅堂3间	省级
玉皇殿	始建于1832年（清道光十二年）重修于1853年（清咸丰三年）		良好	砖雕细腻传神，有宝相莲花，天兵天将	省级
真武庙	1853年（清咸丰三年）		良好	现侍奉三关大帝（天官紫薇大帝、地官清灵大帝、水官赐谷大帝）	省级
龙王殿	1763年（清乾隆二十八年）		良好	原殿于"文化大革命"被毁，现殿是1982年在原址上恢复起来的，龙王殿与佛爷殿连山同脊。	省级
佛爷殿（罗汉殿）	1759年（清乾隆二十四年）		良好	原殿于"文化大革命"被毁，现殿是1982年在原址上恢复起来，佛爷殿与龙王殿连山同脊。	省级

续表

名称	建筑年代	建筑面积（平方米）	原貌保存情况	现状规模	文物保护级别
一层楼	1832年（清道光二十年）		良好	楼下是一个拱形大门，楼上是大钟。一层楼指的是"更上一层楼"的意思，脚下的平台是"千里台"。	省级
三霄娘娘殿	始建于唐朝，重修于1746年（清乾隆十一年）		良好	殿后屋顶后坡无瓦，殿东一角翘檐之上，栖鸱尾如龙蟠，恰恰抵于悬石。	省级

后　记

许多年过去了，依然喜欢几米笔下的《地下铁》。

常常觉得，人生就是一列永不停驶的地下铁。在这纷扰的城市里寻寻觅觅，寻找一颗最甜美的红苹果，寻找一片遗落的金叶子，寻找心中隐约闪烁的光亮。一路走来，几多梦想，几多坚持，懵懵懂懂，磕磕绊绊。还好，守候天使一直眷顾着我。

三年的时光，说长不长，说短不短，它足以让我的青春从二十字头悄然滑过。在中央民族大学的时光，注定是我人生中浓重的一笔。回首这段难忘的岁月，所有帮助和关心过我的人逐一涌上心头。

我要感谢我的恩师祁庆富教授。三年里，我的每一点进步都倾注着祁老师的心血。这篇毕业论文也是在祁老师的悉心指导下完成——从论文的选题、调查、写作，直到最后的修改定稿。祁老师严谨的治学态度和正直敢言的学术品格，是我终生学习的榜样。感谢慈祥的师母，在我最困难时，老师和师母给予了我亲人般的关爱，化解我内心的纠结，指引我勇敢向前。

我要感谢白振声老师。三年中，德高望重的白老师在三年中的两个关键时刻，给予了我及时雨般的帮助：一是在2009年指导我参加了民社院的讲习班项目；二是2011年以项目资金资助我出版了一本学术著作。这两件事是我三年博士学习生涯中的两次重要转折点。

我要感谢博士英语班的向红茹老师。向老师不仅是学生们英语学习的好老师，也是我们人生道路上的好向导。她的言行和著作传递给我们的人生理念将使我们受益终生。

我要感谢我的家人：爸爸、妈妈、哥哥、嫂子、大侄祺开、姐姐、姐夫、外甥小老虎。多年来，无论在经济上还是精神上，他们都给予了我无微不至的关怀。是他们让我时刻感到爱满满的、心暖暖的，是他们让我轻装上阵、勇往直前。特别是我的妈妈，为了让我们兄妹三人能幸福地生活，她无私地付出了母爱、青春、和自己的事业。无论我走多远，永远走不出的是母亲的心灵港湾。

感谢我的男友李晓非。他是我的良师益友，三年的学习生活中，我们收获了学业，也收获了爱情。是他的帮助、鼓励和鞭策，让我坚信自己可以走得更远。感谢他一直陪伴着我，感谢他一直在地下铁出口等候着我。

感谢同师门的艺兰、韩澄。三年的同窗时光，我们同舟共济，真诚相待，结下了深厚的友谊。感谢亲爱的、美丽的盘旋，一起分担、分享我成长中的痛苦与欢乐。

感谢我的调查联系人——辽宁省东港市孤山镇文化站站长张所文老师。在孤山调查的日日夜夜里中，他给予了我太多的支持和帮助。感谢善良、朴实的孤山人民，他们无私地把自己的生活世界展现在我的面前，为我打开了学术之旅中第一扇阿里巴巴之门。这篇论文应该献给他们。

最后，感谢母校中央民族大学，为我提供了舒适的生活环境和良好的学术氛围；感谢伟大的祖国和这个繁荣昌盛的时代，为我创造了追求真知、安心治学、仰望星空的社会环境。

窗外，色彩斑斓，春光烂漫，繁花盛开的玫瑰园已不再是无法企及的遥远，我将迎来我生命中一个真正的春天。

未来的路还很漫长，带着爱，带着希望，我会继续在路上，直到从下一站地下铁的出口迎着阳光走出来。

孙晓天
2011 年 5 月 3 日
于中央民族大学 8 号公寓